改革开放进程中的经济学家学术自传

张卓元　高培勇　主编

常修泽学术自传

常修泽◎著

产权　人本　转型

——通往未知境界的理论探索之路

ACADEMIC AUTOBIOGRAPHY OF CHANG XIUZE

SPM
南方出版传媒
广东经济出版社
·广州·

图书在版编目（CIP）数据

常修泽学术自传／常修泽著．—广州：广东经济出版社，2020.11
（改革开放进程中的经济学家学术自传）
ISBN 978-7-5454-7378-0

Ⅰ.①常…　Ⅱ.①常…　Ⅲ.①常修泽－自传　②经济学－文集　Ⅳ.①K825.31　②F0-53

中国版本图书馆CIP数据核字（2020）第092806号

出 版 人：李　鹏
策划编辑：周　晶
责任编辑：冯　颖　易　意
责任技编：陆俊帆

常修泽学术自传
CHANGXIUZE XUESHU ZIZHUAN
常修泽　著

出　版 发　行	广东经济出版社（广州市环市东路水荫路11号11—12楼）
经　销	全国新华书店
印　刷	恒美印务（广州）有限公司 （广州市南沙经济技术开发区环市大道南路334号）
开　本	787毫米×1092毫米　1/16
印　张	18.5
字　数	208千字
版　次	2020年11月第1版
印　次	2020年11月第1次
书　号	ISBN 978-7-5454-7378-0
定　价	128.00元

图书营销中心地址：广州市环市东路水荫路11号11楼
电话：（020）87393830　邮政编码：510075
如发现印装质量问题，影响阅读，请与本社联系。
广东经济出版社常年法律顾问：胡志海律师

《改革开放进程中的经济学家学术自传》丛书分册名录

（按姓氏音序排列）

1.《白重恩学术自传》
2.《蔡昉学术自传》
3.《常修泽学术自传》
4.《陈东琪学术自传》
5.《陈锡文学术自传》
6.《迟福林学术自传》
7.《樊纲学术自传》
8.《范恒山学术自传》
9.《房维中学术自传》
10.《高培勇学术自传》
11.《高尚全学术自传》
12.《郭克莎学术自传》
13.《洪银兴学术自传》
14.《黄达学术自传》
15.《黄群慧学术自传》
16.《贾康学术自传》
17.《江小涓学术自传》
18.《金碚学术自传》
19.《李实学术自传》
20.《李晓西学术自传》
21.《厉以宁学术自传》
22.《林兆木学术自传》
23.《刘诗白学术自传》
24.《刘世锦学术自传》
25.《刘树成学术自传》
26.《刘伟学术自传》
27.《马建堂学术自传》
28.《彭森学术自传》
29.《宋晓梧学术自传》
30.《田国强学术自传》
31.《王梦奎学术自传》
32.《王一鸣学术自传》
33.《魏杰学术自传》
34.《魏礼群学术自传》
35.《乌家培学术自传》
36.《吴敬琏学术自传》
37.《杨瑞龙学术自传》
38.《张军学术自传》
39.《张军扩学术自传》
40.《张晓山学术自传》
41.《张燕生学术自传》
42.《张宇燕学术自传》
43.《张卓元学术自传》
44.《赵人伟学术自传》
45.《郑新立学术自传》
46.《周叔莲学术自传》

总　序

Preface

盛世出华章。中国的改革开放是一场波澜壮阔、前无古人的伟大社会变革，也将是世界经济发展史上的瑰丽篇章。中国经济学家在这场伟大变革中，或贡献了智力，或参与了实践，无论是参政建言还是学术构建，均厥功甚伟。

在我们先后迎来改革开放40周年和中华人民共和国成立70周年之际，为了记录并彰显中国经济学家的历史贡献，为中国特色社会主义事业进一步发挥智慧的力量和作用，同时借以勉励后学筑梦前行，我们组织并编辑了这套《改革开放进程中的经济学家学术自传》丛书。

这套丛书的出版设想，最初由广东经济出版社提出。在此之前，得力于中国社会科学院经济研究所张卓元教授等的大力支持，该社曾于2009年编辑出版《影响新中国60年经济建设的100位经济学家》丛书。那套丛书产生了良好的社会反响，也获得了较高的学术评价。弹指一挥间，又是一个十年，共和国迎来了70华诞，改革开放也逾40周年。在这样一个特殊的背景下，广东经济出版社邀请张卓元教授和高培勇教授牵头，由《经济研究》编辑部具体负责，组织、编辑一套集中反映改革开放进程中的经济学家学术探索和心路历程的丛书。

认识到这是一件颇具眼光、很有意义的事情，于是，便有了读者眼前这套《改革开放进程中的经济学家学术自传》丛书编辑出版工作的启动。

中国经济改革与发展的伟大实践，为中国经济学家的成长提供了肥沃的土壤。要从这些灿若繁星的经济学家中推选出大家公认的富有影响力的经济学家，并不容易。怎样推选？推选多少？具体标准是什么？如何约稿？丛书的体例又该如何把握？这一系列相关问题接二连三地提至我们面前。

为此，在初步拟订编辑出版方案的基础上，由张卓元教授和高培勇教授主持，邀请部分专家召开了小范围的论证会议，就组建丛书编辑委员会以及丛书编辑出版的一系列相关问题听取意见，进一步完善方案。

紧跟着，2017年6月25日，丛书编辑委员会会议在北京举行。出席会议的委员共有19位（按姓氏音序排列）：白重恩、常修泽、陈东琪、陈锡文、迟福林、高培勇、郭克莎、黄群慧、金碚、李晓西、刘伟、彭森、宋晓梧、田国强、魏礼群、吴敬琏、张军扩、张燕生、张卓元。因故请假、提供书面意见的委员有10位（按姓氏音序排列）：蔡昉、曹远征、贾康、李实、李扬、厉以宁、林毅夫、刘世锦、钱颖一、张军。

这次编辑委员会会议就如下一些重要问题形成了高度共识：

第一，关于丛书的意义。委员们高度认可丛书的编辑出版工作，认为这是一项富有重要历史和现实意义的出版工程。

第二，关于丛书入选者的标准和数量。委员们认为应本着宁缺毋滥、质量为先原则，以对改革开放事业的某个特定领域做出实质性贡献或产生实质性影响的经济学家为重点，入选者宜掌握在60位左右。

第三，关于丛书的体例。基于凸显学术价值和史料价值的考虑，委员们认为学术自传宜涵盖作者的学术成长历程、作者对改革开放事业某个特定领域的研究成果和学术贡献、作者对特定领域改革前景的展望等方面内容。

第四，关于丛书的读者对象。委员们认为应主要面向青年学者以及学生，谈人生经验、述理想情怀，激励广大青年学者和学生确立奋斗的目标、发展的方向和成功的路径。

第五，关于丛书的文风。委员们主张学术自传应具有较强的理论性、学术性，同时文笔流畅、深入浅出，具有一定的可读性。

在经过充分讨论形成的候选经济学家名单基础上，与会委员按照获得半数以上多数票入选的规则，以无记名投票方式表决确定了65位入选者。

会议还决定，请因故请假的委员继续对候选经济学家名单通讯投票，并根据此项流程的统计结果，提请全体编辑委员会委员再进行一次通讯评审，最终确定丛书入选者为68位。

由此产生的《改革开放进程中的经济学家学术自传》丛书入选作者为（按姓氏音序排列）：白重恩、蔡昉、曹远征、常修泽、陈东琪、陈清泰、陈锡文、迟福林、樊纲、范恒山、房维中、高培勇、高尚全、郭克莎、郭树清、韩俊、洪银兴、华生、黄达、黄群慧、贾康、江小涓、金碚、李剑阁、李京文、李实、李晓西、李扬、厉以宁、林毅夫、林兆木、刘国光、刘鹤、刘诗白、刘世锦、刘树成、刘伟、隆国强、楼继伟、马建堂、彭森、钱颖一、宋晓梧、田国强、王梦奎、王一鸣、魏杰、魏礼群、乌家培、吴敬琏、吴晓灵、杨启先、杨瑞龙、易纲、余永定、张军、张军扩、张维迎、张晓山、张燕生、张宇燕、张卓元、赵人伟、郑新立、周其仁、周叔莲、周小川、朱玲。

在确定入选者名单之后，《经济研究》编辑部立即展开了组稿工作，共有46位入选者接受约稿。在这一过程中，入选的经济学家或其家属、秘书、好友等，对我们的工作给予了热情的支持，在百忙之中积极准备所需要的文献，其认真精神令人感动。应该说，没有他们的积极响应和大力支持，这套丛书是难以按时按质完成的。

由于入选的经济学家大多是名人、忙人，有一部分老作者也已年届九十高龄，约稿的工作量及其难度可想而知。一些作者提出暂不能写作，这多少令我们感到些许遗憾。其间也有许多感人的情景要告诉读者们：常修泽先生于2018年夏天在吉林延边的一个小镇闭门两三个月专事自传写作，在整个写作过程中数十次与编辑部和出版社沟通，包括内容完善、结构设计和一些合理性建议等诸多细节，并且在约定期限内交稿给编辑部；九十五岁高龄的黄达教授在写作过程中十余次通过电话或电子邮件与编辑部讨论写作重点和风格；乌家培、林兆木、王梦奎等老先生也是不厌其烦，反复就文字沟通润色；周叔莲先生在去世前一周还给编辑部打电话，告诉编辑自己已经基本完成了书稿的写作，并详细介绍了自己的写作过程和感想，我们至今忆此仍为之动容。在这些难得的沟通中，我们一次次被感动。

随着此套丛书的陆续编辑出版，我们越来越强烈地体会到了这项工作的意义和价值:

入选这套丛书的作者，系改革开放进程中的经济学家，他们的知名度较高，社会影响较大。这套自传体丛书，是对他们的代表性研究成果、学术贡献、成长历程及人格魅力的一个集中展示。对于广大读者特别是青年学子来说，这无疑是一个难得的学习、了解我国经济理论和现实问题的机会。

这些经济学家在各自的学术领域都是佼佼者或领军者，他们学术素养深厚、学术成就卓越。他们在自传中大多以第一人称娓娓道来，讲述了自己的家国情怀与学术成长经历，为记录我国改革开放历程留下了第一手资料。从经济史和思想史的角度看，这应该是非常有史料价值的研究文献。

众多大家的纸上风华，既映射出中国改革开放40多年取得的巨大成就，也是对中国改革与发展经验比较系统的总结。正如习近平总书记所指出的:“从我国改革发展的实践中挖掘新材料、发现新问题、提出新观点、构建新理论，加强对改革开放和社会主义现代化建设实践经验的系统总结，加强对发展社会主义市场经济、民主政治、先进文化、和谐社会、生态文明以及党的执政能力建设等领域的分析研究，加强对党中央治国理政新理念新思想新战略的研究阐释，提炼出有学理性的新理论，概括出有规律性的新实践。这是构建中国特色哲学社会科学的着力点、着重点。”应该说，本套丛书的作者们用生动而精彩的人生与学术追求，践行了这一重要要求。

这套丛书的编辑出版与《经济研究》编辑部各位同仁的努力也是分不开的。他们通过电话、短信和邮件等方式不断地与作者或其家人、秘书等进行沟通。参加组稿和审稿工作的人员有：郑红亮、刘霞辉、张永山、唐寿宁、王利娜、谢谦、金成武、孙三百、陈小亮、欧宏、王红梅、刘莹、曹帅。

广东经济出版社的领导和编辑在本丛书的出版过程中也做了大量的工作，正是有了他们的努力，这套丛书才能得以顺利与读者见面。

特别值得一提的是，这样一套组织工作浩繁的大型丛书，见证了《经济研究》编辑部与广东经济出版社值得称道的团队合作精神。编辑部的张永山、王红梅同志和广东经济出版社的编辑团队从始至终为丛书的组织沟通、约稿、文稿整理付出了大量的心血，他们的耐心和一丝不苟的敬业精神令人称道。

这套丛书就此付梓了，回望中国改革开放的辉煌岁月，携手丛书作者对祖国的拳拳心路与期待，我们略感欣慰！但由于时间仓促，加之我们的水平有限，书中的不足和错误之处在所难免，敬请广大读者批评指正。

《改革开放进程中的经济学家学术自传》丛书编辑委员会

2019年10月

题　记

宣传是传播已知，
科研是探索未知。
常怀对未知的敬畏之心，
修炼后知后觉的自己，
泽须自强不息。

——常修泽

2018年9月

作者简介

常修泽

教授，博士生导师，《20世纪中国知名科学家学术成就概览（经济学卷）》入选者。

1979年春进入南开大学经济研究所从事理论研究。历任南开大学经济研究所副所长、国家计委（现国家发改委）经济研究所常务副所长、国家发改委学术委员会委员等职；兼任中国经济学术基金（香港）学术委员会副秘书长等。

长期致力制度经济学领域广义产权理论、人本经济学理论和中国转型理论的研究。著有《人本体制论——中国人的发展及体制安排研究》《广义产权论——中国广领域多权能产权制度研究》《包容性改革论——中国新阶段全面改革的新思维》和《人本型结构论——中国经济结构转型新思维》等学术理论著作。被相关学界推为“人的发展经济学领军人物之一”和“广义产权理论的拓展者之一”。

其理论贡献被收入1949—2009年《中国百名经济学家理论贡献精要》（第二卷）和《20世纪中国知名科学家学术成就概览（经济学卷）》第三分册。入选美国传记研究所（ABI）《国际名人录》和英国剑桥国际传记中心（IBC）《国际名人录》。

目录

Contents

导　言

我的告白

写产权，写人本，写转型，如今轮到写自己——写自己的学术人生。

似是一个大时代的个人“微史记”。

我写下了这样一个题记：

宣传是传播已知，
科研是探索未知。
常怀对未知的敬畏之心，
修炼后知后觉的自己，
泽须自强不息。

感谢组织者——中国社会科学院经济研究所暨《经济研究》编辑部和出版者——广东经济出版社给我提供一个审视自己“学术前半生”的机会。

“我是谁？我从哪里来？这40年做了啥？要到哪里去？还能做点啥？……”在写这部学术小传的过程中，我不断地叩问自己。

一

"我是谁？"

需有自知之明。

接到出版社约稿函的那天，心中有些诚惶诚恐。

想起了王安石那一诗句："不畏浮云遮望眼。"①

从国内看：

如果不是坐井观天，而知"天外有天"的话，一个数据不可忘却：全国在编的社会科学工作者大约有50万人（当然水平参差不齐）。尽管社会科学工作者不等于"社会科学家"，且经济学家也只是社会科学家中的"一部分"，但是，在经济学界，包括在高校、社科院、政府研究机构、党校行政学院以及众多的企业和民间研究机构等几大系统中，确有众多有作为的经济学学者或专家，人才济济。

记得1985年4月在天津举办全国中青年经济改革理论讨论会期间，老一辈经济学家薛暮桥先生曾发来四句题词："济济英才，满腹经纶。青出于蓝，后继有人。"②

与诸多前辈和同侪经济学家"英才"相比，我是自叹弗如的。

从国际看：

如果不是坐井观天，而知"天外有天"的话，更令人汗

---

① 王安石《登飞来峰》："飞来山上千寻塔，闻说鸡鸣见日升。不畏浮云遮望眼，自缘身在最高层。"

② 见本书第一章第三节第二目"1985年天津会议：闹了一个'题词笑话'"。

颜。萨缪尔森教授等国外学者认为，中国的经济实践为经济学的发展提供了绝好的素材，但自己的研究，距离这些期待有多么遥远？

另一位诺贝尔经济学奖得主科斯教授也曾期待中国出现“思想市场”，但遗憾的是，“思想市场”的货架上有几件自己的货品？……

实在有愧。

我知道自己“几斤几两”。

由于1960年闹饥荒，我走的是一条非常规的成长路。“三进大学而无缘本科文凭”[①]，更无硕士、博士学位，只因谷书堂教授和滕维藻校长的宽厚与包容，才让我进入南开大学经济学的学术殿堂。

对此，我的心底怀有一种“原罪式”的宿命感，此情结原本传统的读书人多少都有，但我更为直接也更为深沉。我能够成为经济研究机构的一名研究人员，已属幸运。与那些我熟知的屡遭厄运、抱憾终生的经济学界前辈相比，与那些才华横溢却由于种种原因过早“离场”，甚至英年早逝的莫干山朋友相比，我今天依然能够“在场”，已经很知足了；对入选《改革开放进程中的经济学家学术自传》丛书，实在不敢奢望。学术贡献比我大的人实在太多了。学界对我如此厚爱，感恩不尽。想起了我在陕西法门寺留下的八个字：“无，为正常；有，为幸运。”

——一个在海外经济学界默默无闻的人文经济学人，一

① 见本书第一章第一节“三进大学：无缘文凭　有缘名师”。

个不够格的《改革开放进程中的经济学家学术自传》丛书的入选者。

二

“我从哪里来？”

曾经有学生问：“您是如何从事经济学研究的？”我如实相告：“是‘大饥荒’逼迫我学习经济学的，没有什么理想抱负，只是为了给自己找个‘饭碗’，以减轻家里负担而已。”

本书第一章的“楔子”——1960年“闹饥荒”：尽快找所“管饭”的学校，“楔”进了我学术人生蹉跎岁月的起点。历史的灾难在一个15岁少年心底打下的烙印，一生一世都不会抹去。

第一章的四节，写了我学术成长的四部曲：名师指点，时代机缘，中青聚会，宏观历练。这既是我成长的“四部曲”，也是我成长过程中不可或缺的“四要素”。通过此，或可探究人生成长的奥秘及其蕴含的某些规律。

第一，名师指点。

这既是历史起点，也是逻辑起点。作为一个“常人”，我是不太相信“无师自通”的（除非是真正的而不是标榜的“天才”）。一个人，可以没有文凭或学位，但是作为治学者，无论如何是不能没有高人指点的。

南开大学谷书堂教授就是这样一位指点学术道路的名师代表。2016年4月1日，即谷老师追悼会翌日，我在《天津日报》发表了悼念文章《谷老师，让我再看您一眼》。文中写道："我清楚地记得，您当时[1]点拨我的'一根两苗'。您说，从经典作家'劳动谋生手段'这条根上，本可以长出两棵苗：按劳分配和商品经济。但是，经典作家为什么只承认按劳分配而否认商品经济呢？您的话，使我受到震撼，激发了我探索经济理论问题的兴趣。"

除南开大学经济学院诸多老师之外，还有天津师范大学夏康达老师、中国宏观经济研究院林兆木先生等，都对我的学术道路做出了指点。没有名师指点，我是不可能走到今天的。

启示：一个人的出身和境遇不能选择（或贵族，或寒门），但无论出身贵族还是寒门，都需刻苦治学，厚植自己的学问，养成前辈学者所具有的气质与精神。

在前辈精神的熏陶下，逐步形成自己的四个精神信条：（1）自强不息；（2）心怀天下；（3）独立思考；（4）宽厚包容。我把这四条贴于案头，时时鞭策自己，并慢慢传给同样从事经济学研究的女儿。

第二，时代机缘。

每个人的成长道路既是他自己的，也是时代的。莎士比亚有句名言："我们命该遇到这样的时代。"这本自传，一开始就"把时代给'立'了起来"。

就自己所处时代而言，曾经亲历过人生"艰辛而痛苦的时代"——20世纪六七十年代；也曾经亲历过人生"幸运而开心的时代"——1978年12月开启的改革开放时代。

① 指1974年南开大学经济系政治经济学进修班期间。

中共十一届三中全会决定把党和国家的工作重点转移到经济建设上来，并实行改革开放。国家“转向”了，新的时代开始了。唯此，才把在“文化大革命”中遭到破坏的南开大学经济研究所推上历史舞台，才把被打入“冷宫”10多年之久（从1964年开始）的谷书堂教授推到南开大学经济研究所领导岗位上来，也才有谷老师提出将我调入经济研究所从事理论研究的可能，也才有滕维藻校长一锤定音：破格录用。

20世纪80年代是激情澎湃的年代。我参加莫干山会议（1984年）和几次全国中青年会议，在80年代；提出创建“人本经济学”（1986年），在80年代；提出“建立产权市场”的构想（1987年），在80年代；破格晋升副教授（1987年），在80年代；提出“四沿”（沿海、沿江、沿边、沿线）开放战略（1988年），在80年代；于《经济研究》卷首发表《企业创新论》（1989年），在80年代……一个“个人版”的80年代，折射了整个民族在那个年代苏醒并奋进的光辉。

恩格斯说写作要讲“这一个”，我理解是“这一时代的这一个”。

感谢那个思想解放的时代，感谢人生难得的机遇。

第三，中青聚会。

除了名师指点、时代机缘，回顾自己的成长道路，也是与众多中青年朋友的“聚会论剑”分不开的。

中国改革开放40年中，经济学界一个突出的现象是中青年经济学者作为一个学术群体的崛起。从1984年9月在浙江省德清县莫干山召开的中青年经济科学工作者学术讨论会

（即莫干山会议[①]），到1985年4月在天津举行的全国中青年经济改革理论讨论会，再到1987年11月在贵阳举行的“中国东西部中青年对话会”，直到1989年4月初在北京举行的“改革十年：中青年理论与实践研讨会”（即京丰宾馆会议）——我有幸比较完整地参加了上述学术活动，并从中得到锻炼。在那个火红的年代，中青年朋友群体性的“指点江山，激扬文字”，朋友彼此之间的“赤诚相见，自由争辩”，以及前进路上的你追我赶、互帮互鉴，成为一种难得的奋进力量。

“人字的结构就是相互支撑。”我切身体会到，中青年朋友之间的学术聚会和相互扶持，促使我与诸多朋友在那个特定的历史阶段，一方面共同担起“国家转型和发展的责任”，另一方面也在相处中并肩成长。

怀念那段激情燃烧的岁月，难忘那群志同道合的朋友。

第四，宏观历练。

阿基米德有句名言：“给我一个支点，我就能撬起地球。” 人是需要支点的，施展是需要平台的。本书第一章第四节“天命之年进京：国家智库再历练”，用我的实际经历阐述了 “支点”和 “平台”的作用。并不是说，在外地、在基层难成大器，古往今来，在边远地区乃至在深山修炼成大学问家者并不罕见，但是要看研究对象。从我在中

① 莫干山会议曾作为“中青年经济学者的第一次集体发声”，被评为“中国改革三十年三十件大事之一”。常修泽：《史料版1984年莫干山会议》，《学术研究》2012年第11期。

国宏观经济研究院16年的研究课题[①]来看，是需要宏观平台的。感谢国家有关部门在我天命之年时（1995年年满50岁）把我调入北京，感谢中国宏观经济研究院的历练使我的理论得以升华。

“条条道路通罗马”，但通往“罗马”的千万条道路又是有规律可循的。回顾学术人生，除了个人努力之外，“名师＋机缘＋朋友＋平台”，应该是一个人成长的基本公式。我的成长路似乎印证了这一点。

三

这40年都做了啥？操着什么学术“口音”？

写自传，是一个难得的机会，可以让我系统梳理一下。

1979年初，我进入南开大学经济研究所从事经济理论研究，迄今已有40年。“大我”（国家改革开放40年）与“小我”在时段上的高度契合，意味着我的个人学术生涯是与整个改革开放休戚与共的，从经济学研究履历来看，我应属于改革开放的一代。

在过去40年的学术探索生涯中，我是瞄准自己认定的“经济学三大理论支点”展开的。本书题记中“产权、人本、转型——通往未知境界的理论探索之路”基本概括了我的学术人生。如果用最简单的文字表达，40年可用三个字概括——“产”“人”“转”。

① 具体课题见第一章第四节。

"做出自己的学术味道。"这是在治学前老师提出"想别人之所未想，言别人之所未言"后的感悟。只能尽力而为。

本书在第一章叙述个人成长路之后，从第二章开始，即按照 "产""人""转"三条理论线索分三章具体展开，向读者诉说自己在学术探索中的心路历程及酸甜苦辣。这里提纲挈领地点一点。

1. 关于"产"的探索

本书第二章——"产"：《广义产权论》，为天地人生命共同体立命。

产权是所有制的核心。无论是中国改革实践，还是经济学理论的创新，首先指向所有制的核心——产权问题。

基于此，"产权论"作为我过去40年中最先探索、也是花费心血最多的领域，成为第一部曲。如果说，40年磨出"3根针"的话，"产权论"（《广义产权论》）是"第1根针"，以至有朋友戏称"常产权"之类。

产权论这方面的探索，有几个特点需要说明。

第一，经历了一个由"实"到"名"、由"狭"到"广"的长期过程。

从1980年5月在《人民日报》理论版发表处女作——关于所有制问题的《长期并存　比翼齐飞》（东北调研启示，表明"实践有神灵"），到1987年11月在《建立企业产权市场和经营权市场的构想》中自己首次使用 "产权"概念，由"实"到"名"，前后经历了7年时间。

至于由"狭"到"广"，更是"路漫漫兮"。一开始我也是一个“狭义产权论”者。从1987年第一次使用“产权”（狭义）概念，中间经过2001年建议中央“从广义上”把握“产权”内涵，一直到2009年代表作《广义产权论——中国广领域多权能产权制度研究》（简称《广义产权论》）问世，由“狭”到“广”，前后又经历了22年。

本书第二章第一节“20世纪80年代：从主张‘长期并存’到发表《产权市场论》”、第二节“20世纪90年代：主笔四部产权专著，‘为伊消得人憔悴’”和第三节“完成由‘狭义’到‘广义’的过渡，代表作《广义产权论》问世”，反映了“路漫漫其修远兮，吾将上下而求索”的过程。

第二，兴奋点在“产权论”之“道”的层面。

通过多年摸索，深感“产权论”有“术”有“道”，且都值得探索。但我并未把主要着力点放在“术”的方面[①]，而是致力探讨其中“道”的学问。

道教悟《道德经》有言：“天无道则不运，地无道则不载，人无道则不立。”同样，产权无“道”则难“大行天下”。这一点，已在我的《广义产权论》之第一要义——“广领域”中提出，并在我的被《新华文摘》全文转发的《天地人产权论——当代人的发展多维产权探讨》（广到

① 就“术”的方面而言，无论中外，专业性、技术性都很强，如关于产权界定（特别是其中的资产评估，可以独立为一门专业的课程），如产权交易（特别是资本市场条件下的产权交易更为复杂，更可以独立为一门专业的课程）。我虽然在南开大学期间曾用10多年时间摸索，但未将其作为探索的着力点。

天，广到地，广到人[①]）一文中已有某些“道”的味道。“天地人产权论”向世人表明，不仅人类自身是一个利益（命运）共同体（中共十八大曾提出“人类命运共同体”概念），而且天、地、人三者之间，世界万事万物之间，也是一个利益（命运）共同体。

尤其如《广义产权论》题记所写：“反思全球性金融危机和环境危机，我发现：美国人透支的是家庭资产，中国人透支的是国民资源——从人力资源到自然资源到环境资源……透支资产的困于当前，透支资源的危及长远。”[②]这里更寄托我对“大道”的精神追求。

所以，我在《天地人产权论——当代人的发展多维产权探讨》一开始写道：“当代人的生存发展，是一个包括人的生存发展环境（‘天’）、人的生存发展资源（‘地’）和人的生存发展自身（‘人’）在内的完整体系。从宏观层面分析，其间蕴含着多维产权关系：环境产权、资源产权、人力产权。”[③]

① 一是广到天上，10多年前（2006年）提出天上有产权（有人批评“异想天开”）。现在天上的“环境产权”（如碳排放权）已经逐步被人理解。二是广到地上地下产权，如各类自然资源资产产权（包括水资源、土地资源、草原资源、森林资源、矿产资源、海洋资源等）。三是广到天地之间的“人”的身上，如各种人力资本产权（包括知识产权、劳动力产权、管理产权等）。广到天，广到地，广到人——这就形成一种与传统产权内涵有区别的“天地人产权论”。

② 常修泽：《广义产权论——中国广领域多权能产权制度研究》，中国经济出版社，2009。

③ 常修泽：《天地人产权论——当代人的发展多维产权探讨》，《上海大学学报》2011年第3期。

之所以做这种近似经济哲学的探索，是试图为政治经济学开掘更深厚、更广阔的理论基础。读者从本书第二章第三节阐述的"'广义产权论'的三大要义"，以及"《广义产权论》出版后的反响"，或许可以看出对经济学理论基础的新拓展。有学者称此为经济学的"元理论之一"。我未使用"元理论"概念，而使用"理论支点之一"的提法。

第三，不是单向度的"孤立产权理论研究"，而是试图把"产权论"与"人本论"结合起来。

这在2010年3月出版的《产权人本共进论——常修泽谈国有制改革》（简称《产权人本共进论》）一书得到发挥。该书题记写道："老子论道，既讲'抱阳'，又讲'负阴'；斯密论经济，既有《国富论》，又有《情操论》。笔者论改革，一则讲'产'，一则讲'人'。产——《广义产权论》；人——《人本体制论》[①]。如何熔'两论'于一炉，用之于中国创新实践？本书尝试提出：'产权人本共进论'。"[②]核心命题是在共进基础上寻求产权、人本两大理论的"耦合"之路。

本书第二章第四节"寻求产权与人本的'耦合'：两论《产权人本共进论》"，阐述了寻求产权与人本的"耦合"这一核心命题。这可能是与其他研究产权的论著相比，有自己特点的探索。

① 常修泽：《人本体制论——中国人的发展及体制安排研究》，中国经济出版公司，2008。

② 常修泽：《产权人本共进论——常修泽谈国有制改革》，中国友谊出版公司，2010。

第四，在“为学求知而从事学术”的同时，尽力把理论与决策研究结合起来，以实现“学术报国”的夙愿。

除2001年提交“建议中央‘从广义上’把握‘产权’内涵”的内部报告之外，2016年和2017年分别上报两篇关于保护产权和激发保护企业家精神的内部研究报告，发挥了相应作用。

继上报了几篇关于产权的内部研究报告之后，在2018年中国改革开放40年之际，我还主笔直抒，出版了《所有制改革与创新——中国所有制结构改革40年》[①]，可视为产权研究的小结。继之应邀在央视《中国经济大讲堂》讲“产权”。虽然台上只有40分钟，但着实检阅了“台下40年功”。

《广义产权论》是我40年学术探索的第一个理论支点。

2. 关于“人”的探索

本书第三章——“人”：《人本体制论》，为人的自由发展立心。

与上一章探索的“产权论”相比，“探索建立人本经济学”的起步要稍晚一些（1986年），但它比较新鲜，颇引人关注。这方面的探索，也有几个特点需要说明。

第一，更具“创新冲动”。

传统的经济学有两个致命性的弊端：一个是“官本位”（或称“权力本位”），另一个是“物本位”。“人本经济

① 常修泽、常欣、文宗瑜等：《所有制改革与创新——中国所有制结构改革40年》，广东经济出版社，2018。

学”向两个致命性的“本位”提出挑战。它试图揭示：人类经济活动的终极目的是什么，经济学的最高境界在哪里。建立“人本经济学” 既属于经济哲学问题，也是社会主义政治经济学发展和体系创新中最有生命力的命题。

读者可从本书第三章了解到，“人本经济学”的提出起源于恩格斯一段题词的启发。《新纪元》杂志的主编卡内帕请求恩格斯为新创刊的杂志题词。恩格斯在给卡内帕回信中说：“我打算从马克思的著作中给您寻找一行您所要求的题词。……‘代替那存在着阶级和阶级对立的资产阶级旧社会的，将是这样一个联合体，在那里，每个人的自由发展是一切人的自由发展的条件’。”恩格斯还特意申明，除了摘出的这句话以外，“我再也找不出合适的了”。①

马克思主义的道理千头万绪，为什么除了摘出的这句话以外，就“再也找不出合适的了”？这使我心灵受到震撼，把它看成马克思的亲密战友恩格斯积其一生之体验，对马克思主义得出的最重要结论。

正是基于此，在20世纪80年代中期（1986年），我向高等学校青年社科基金提交“建立社会主义人本经济学”②的课题申请报告，应该说，起步是比较早的。但是，令人遗憾的是，此课题并未获得立项。好在“遇挫而未停顿”，此课

① 恩格斯：《致卡内帕》，载《马克思恩格斯全集》第39卷，人民出版社，1974，第189页。

② 这里需要说明：“人本经济学”中的“人本”一词，不是管子首倡且带有“工具论”色彩“以人为本”的缩写，而是一个独立的学术概念。不仅国外有“人本主义”等概念，而且中国共产党相关文献中也用过“人本”一词，如1944年7月4日《新华日报》社论就用过“最人本的宪法法律”的表述。

题改为“自选课题”，独立前行。相比下达课题来说，如同自由恋爱一样，这是具创新冲动，也富激情的研究课题。

第二，持续“两个十年”。

第一个十年：从1986年提出“建立社会主义人本经济学”课题申请，到1996年正式提出“人本高于资本”，经过十年探索，初步奠定了“人本经济学”的立论基础。

第二个十年：从1998年对改革开放二十年所做的独特总结《独立的人格力量和自主的经济力量初露端倪》，到2008年8月发表《当代“人”的发展问题论纲》，标志着对“人”的发展问题形成较系统的认识。正是在上述不懈的探究和讨论中，逐步形成了自己的“人本经济学观”。

第三，瞄准“人本体制”这一理论轴心。

“人本经济学”的理论轴心是什么？经多年之探索，终于摸到理论轴心——“人本体制”。在上面提到的《独立的人格力量和自主的经济力量初露端倪》中写道：“党的十一届三中全会开辟了解放生产力、解放生产关系，同时也解放人的自身的新纪元。”①

此后十年，当“以人为本”口号颇为流行时，2008年出版的《人本体制论——中国人的发展及体制安排研究》（简称《人本体制论》）一书中，严格区分了两种不同性质的“以人为本”：一种是侧重于从执政者“统治”角度出发的“以人为本”，我称之为“人本工具论”；另一种是真正从

① 常修泽：《独立的人格力量和自主的经济力量初露端倪》，载韩志国、樊纲、刘伟、李扬主编《中国改革与发展的制度效应》，经济科学出版社，1998，第10—11页。

“人”自身出发的“以人为本”，实质在于人的自身解放和每个人的自由全面发展，我称之为“人本实质论”。这无疑触及了“人本经济学”的核心问题。

第四，在“批判”中前行。

《人本体制论》等著作问世后，既有来自专家学者的正常学术商评，也遭到上纲上线式的严厉批判。有人以《充满了理论荒谬的庸俗经济学》为题，对人本经济学论著进行批判；还有人以《〈包容性改革论〉是什么货色？》为题，给包括“社会共生”理论在内的“包容性改革论”扣上“阶级调和论”的帽子。在这种批判和争议过程中，“咬定青山不放松”“任尔东西南北风”。7年后的2015年，《人本体制论》的姊妹篇《人本型结构论——中国经济结构转型新思维》（简称《人本型结构论》）出版，并获“中华优秀出版物奖”，后提出以人本为核心推进经济学创新。应该说，“以人本为核心创新经济学”是探索经济学第二部曲的理论归宿。[①]

3. 关于“转”的探索

本书第四章——“转”：《包容性改革论》，为中国全面转型立论。

“转型论”的探索是贯穿于我的40年研究过程始终的。探索“转型论”与“产权论”“人本论”一样，根本目的是促进“每个人的自由全面发展”。而要真正实现“每个人的自由全面发展”，必须推进我们国家和民族迈向现代化的

① 常修泽：《以人本思想为核心，经济学创新体系之我见》，《学术研究》2015年第10期。

“全面转型”，这是实现目标的根本路径。

“转型论”的探索，也有几个特点需要说明。

第一，不是单维度的“某一转型”，而是包括体制（改革）样式、开放样式、发展样式以及文明在内的全面转型。

本书第四章各节，系统阐述了全面转型的思想。对于我国这样一个过去计划经济根深蒂固，曾长期闭关锁国，且二元经济结构严重，又缺乏现代文明洗礼的国家来说，全面转型（而不是单维度的某一种转型）十分重要。

第二，每一种样式的转型，都“瞄准靶心，精准发力”。

经济体制的转型：紧紧抓住“让‘媳妇’进门”以及“登堂入室”后的“婆媳关系”；开放样式的转型：紧紧抓住地域的“四沿”开放和领域上的“破垄”开放；发展样式转型：紧紧抓住“系统创新推动”；文明转型：紧紧抓住“文明融博”。

第三，坚持“中道”转型，力排两种干扰。

2006年1月，我曾在新华社《瞭望》周刊第二期发表了一篇题为《力排两种干扰》的文章，力陈“应坚持社会主义市场经济的改革方向；排除否定改革的‘左’倾化和败坏改革的‘伪市场化’两种干扰”。尽管此文接连遭到多篇文章的批判，但我认为这一观点至今仍是有意义的。

2013年，在《包容性改革论——中国新阶段全面改革的新思维》（简称《包容性改革论》）一书中，进一步阐述了“超越极端，双线均衡”的思想，并从《说文解字》说开去：“‘吉’字上面的‘十’字是端正的，表示平衡，而平衡则‘吉’；‘凶’字上面的‘十’字是斜歪的，表示失衡，而失衡则‘凶’”，对此强调要“防止剑走偏锋”。[①]

如果从世界格局看，更应该这样。在2018年由我主笔出版的《所有制改革与创新——中国所有制结构改革40年》中，我提出“两个不拘泥于”的观点[②]。从“力排两种干扰”到“两个不拘泥于”，都是强调用“包容性改革论”的思想和方法论来处理转型中的问题。

第四，源于经济，高于经济，从人类文明的思想境界探讨转型问题。

我在《共享中国——高端专家访谈录》中曾说：“面对中国改革的逐步深化和经济社会全面转型，任何一个有人文情怀的经济学者都不会把自己狭隘地‘捆’在单纯‘经济学’的研究范畴里。”[③]今天，中国已开启并处于由“文明隔阂”走向“文明融博”的历史性转变过程中。本书第四章第四节，写了自己多年来探讨“文明转型”的心路历程及成果，有评论说这在经济学界可能是比较“另样”的。

从2009年在海南国际论坛，主张“由隔阂转向融合”，到2017年在北京国际饭店会议，纵论中西文明的最大契合点。我认为，在致力创建“人类命运共同体”的今天，中国学者尤其需要尝试把中国特色社会主义之“特”与构建人类命运共同体之“共”整合起来，寻求“特共一体”的文明

① 常修泽：《包容性改革论——中国新阶段全面改革的新思维》，经济科学出版社，2013，第12页。

② 常修泽、常欣、文宗瑜等：《所有制改革与创新——中国所有制结构改革40年》，广东经济出版社，2018，第2页。

③ 杨林林：《共享中国——高端专家访谈录》，经济日报出版社，2007，第361页。

成果，这是时代赋予的使命。所以，在“经济研究·高层论坛·2018”上，提出应形成“特共一体”的政治经济学。

以上，简要回答“这40年都做了啥”。

上面几件，如古语所云“慰情聊胜无”吧。

四

我要到哪里去？还能做点啥？

这涉及今后学术人生发展规划问题。

截至本书定稿之时，我已满74周岁。人生还有最后一个“谜底”尚未揭开，就是何时、何地、以何种方式离开这个世界？面对不确定性，只能先做前面讲的几件还没有做完的事情，以弥补不足和缺憾。至于能否完成、何时完成，则顺其自然。

第一件事情，在转型论研究方面：围绕中国面临的“文明转型”，把拟议中的《文明融博论》一书写完。

基本构思是由“文明隔阂”向颇具人类文明张力的“特共一体”的文明包容转型。当然，在寻求文明包容和融合的过程中，不可避免地会产生摩擦、碰撞和博弈，要设法“挫其锐，解其纷”。所以，我把拟写的书称为《文明融博论》。

2018年中美贸易摩擦启示我：中国，不仅需要高端的物质“芯片”，而且需要高端的思想“芯片”。限于自己的理论储备和水平，不可能将《文明融博论》写成朋友所期待的“鸿篇巨著”（我只打算写10万字左右，一本小册子，论纲式）。老子的《道德经》第六十章曾有一句名言“治大国若烹小鲜”，这是很多人都熟知的，但紧接着下面一句，却未必熟知——“以道莅临天下”。受此启发，《文明融博论》着重讲“道”，或如老子所云“以道莅临天下”。试试吧。至于中西文明如何又“融”又“博”，如何建立新“文明学”，将在今后的岁月中，结合中国与世界新的实践予以探讨。

第二件事情，在人本论研究方面：继续为创建“人本经济学”学科做一些铺垫性工作。

未能写出一部成体系的“人本经济学”教科书，是我的遗憾，考虑到个人年龄、精力和环境，对于今后能否完成没有把握。有点可能性的，是完成一部《关于人本经济学的探索及争鸣实录》。内容包括两部分：

第一部分是1986年以来个人公开或内部发表的有关论文和研究报告，一字不易，立此存照。

第二部分是学界和社会上的有关争鸣史料，包括指点性的评论、商榷性和正常的学术批评等。考虑到大局，为避免争论，本书未展示批判文章。不过，作为专题性的学术探索著作，应该客观实录。待获得各位作者（包括批判者）授权转载之后，也一并收入，供今人和后人讨论、研究之用。

第三件事情，在产权论研究方面：集中精力完成两篇有深度的探讨广义产权新问题的论文。

第一篇是《人力资本：第一资本论》。如本书第二章第四节指出的，人力产权的凸显与新经济时代的来临及其引起的产权关系新变化有关。在以知识为基础、以智力为资源的社会，人力产权将成为第一资源、第一资本和第一财富，它将带来产权关系的重大变革，从物力产权到人力产权各自在社会总财富中的比重及地位的演变将呈加速运行趋势——以致人力资本产权总值会超过物力资本产权总值。[①]研究明白之后，或许写篇专文。[②]

第二篇是《关于中国所有制结构改革40年若干规律问题》。面对如此规模、如此丰富多彩的所有制结构改革，是有若干规律可挖的，尤其是在所有制结构改革背后的深层政治博弈等，更值得研究，或许撰写专文，以补缺憾。

主要是以上三件事情。作为战后“婴儿潮”一代中的一员，倘能在离开人世前，见到“产”“人”“转”取得突破性进展，那当然更好，即使只能看到一些端倪，也不枉探索一回了。若干年后，如能多少有个结果，对于一个“常人”而言，也就知足常乐了。

“自传人生事，甘苦寸心知。”谨以此导言告白于各位读者。至于40年间为什么要研究“产”“人”“转”？研究中有哪些酸甜苦辣？研究后产生什么作用和影响？研究过程中间发生过哪些有趣的故事？请读者阅读书中各章具体内容（没有语言“密码”）。

我深知，我们的同胞已经很抬举也很宽容经济学家了。所以，要尽力回馈社会与同胞。但世上有千万条路，也有数以千计或万计的读者，我不愿意把本书的观点强加于任何人，唯盼能用一颗包容的心，有缘与读者敞开心扉交流。

---

① 常修泽：《人力资本产权总值会超过物力资本产权总值》，《中国经济导报》2019年7月12日。

② 这项工作已经开始。常修泽：《人力资本产权与“大四新”动能转换》，《中国经济导报》2019年7月12日。此文2019年7月10日先发表于中国发展网，经人民论坛网、爱思想网等转载。

壹

我的成长路：通往“罗马”的另一条路

每个人的成长道路既是他自己的，也是时代的。恩格斯说写作要讲“这一个”，我认为是“这一时代的这一个”。

我的“这一个”，是一条不太寻常的成长路——其中，既有1960年“大饥荒”及其带来的坎坷，也有困境中名师指点和后来的时代机缘——可用“艰辛而幸运”来概括。“辛”耶？“幸”耶？历史会做出评判。

楔 子

1960年“闹饥荒”：尽快找所“管饭”的学校

我应该算是战后“婴儿潮”早期那一代人。1945年农历八月二十五（公历9月30日），我出生在山东省惠民县姜楼乡常家村。据母亲说，我出生那一天，正值秋雨连绵，因家中屋破漏雨，到处是水，于是起了乳名“水生”。按常氏族谱，排在“修”字辈。上小学时，先生因“水”而给我起了个学名——修泽。或许是因“水”命，长大后我把老子《道德经》中的“上善若水”作为自己的座右铭。

10岁前的日子我是在山东老家度过的。家里老辈是贫农，父亲属于“开国农民”那一代。1950年，朝鲜战争爆发，父亲报名参了军（在华东军区的一支部队），但未到朝鲜前线即复员，1953年到天津染厂当工人。10岁那年（1955年春节前夕），我被父亲接到天津插班上学（母亲仍在山东务农），先在天津市红桥区小伙巷小学，后考入天津市第五十一中学。

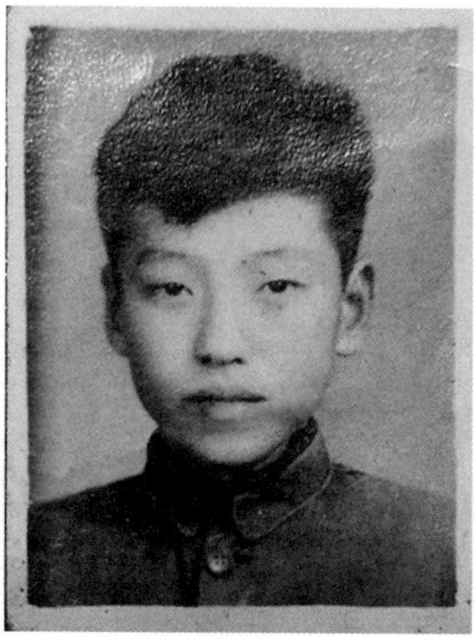

1955年由山东到天津求学，先插班小学，后上中学。图为中学学生证照（1958年）

上中学时，从班主任丁传漪老师那里借来一本苏联小说《青春》，熟读之后喜欢上文学。在语文老师张燕的指导下，还以学校勤工俭学为素材，写了篇作文《校园春色》，被学校推荐给《少年文艺》，竟也异想天开做起了少年“作家梦”。

但是，1960年山东发生的“大饥荒”夺走了我的“少年梦”。那年暑假，我回到老家，看到村里饿死了人。①由于父亲能“俭省细费”寄点钱来换粮食，家人倒也没被饿死，但是，母亲拉扯着五个弟弟妹妹，一天做工挣的不到1毛钱（8分），日子十分艰难：11岁的大妹和8岁的二妹都被迫辍学干活，5岁的三妹和3岁的四妹成天喊“饿”，1岁的弟弟更是嗷嗷待哺。

家庭困难的情况强烈刺激了我。作为家中的长子，我不能再按部就班上高中、读大学了，而是要尽快找一所能“管饭”（提供生活费）的学校，以减轻家里的负担。

① 中共中央党史研究室：《中国共产党的九十年——社会主义革命和建设时期》，中共党史出版社、党建读物出版社，2016，第511页。该书记载，“1960年全国总人口比上年减少1000万”。

恰好，当时一所新成立的院校——天津市财经学院[①]招收初中毕业生，学制五年，毕业后为大专学历，上学期间能提供生活费（每月九块钱）。于是，我背着父亲报考了这所学校。

父亲闻讯后勃然大怒，训斥我道："没出息……常家世世代代没出过读书人，实指望你能上个名牌大学，给家里争口气……没想你为几块钱竟这样……这么大的事，为什么不跟家里商量？"但到送我上学的那天晚上，父亲，这位曾参过军、正当工人的坚强汉子，竟然哭了，对我说："怨你爹没本事，好好念吧……"

感谢父母哺育和家庭支持。前排右一为父亲，前排左一为母亲，后排两侧为弟弟、妹妹（1978年1月）

① 不是现在的天津财经大学，天津财经大学那时叫河北财经学院；而这所"天津市财经学院"位于天津西青道，是现天津商业大学的前身。

几十年后，有学生问我“您为何从事经济学研究”时，我说，是“大饥荒”逼迫我学习经济学的，当时真没啥远大理想，不过是为了给自己找个“饭碗”，减轻家里负担而已。后来看到《圣经》中亚当为了“一碗红豆汤”而出让长子继承权的故事，不由想道：我作为一个“长子”，继承权倒是没有出让，但为了“一月九块钱”的生活费（类似“一碗红豆汤”），把自己的“自由求学权”给出让了，从此走上了一条遭人“另眼”、自感低人一等的艰难求学路。

一 三进大学：无缘文凭 有缘名师

由于历史原因（1960年“大饥荒”），我走的是一条“非常规”的求学路（“辛”也），但在关键时节遇到名师点拨与提携（“幸”也）。

（一）一上财院：初学经济学，中途学校“降格”

1960年10月，我进入这所“大跃进”后仓促上马的天津市财经学院。作为贸易经济系103班的学生，我开始学习基础理论课——政治经济学。主讲老师张家俊先生以《资本论》为依据，讲基本原理，但我听得似懂非懂，只记住了“几把斧头换几只绵羊”以及“剥夺者被剥夺”之类的内容。

一方面，学习经济学；另一方面，依然爱好文学和史学。其间被选为校学生会学习委员，负责学生阅览室。在语文老师李凯源先生（后为中国经济写作研究会会长）的启发和指导下（他给我讲的“皓首穷经”至今印象深刻），读了不少中外名著，如老子的《道德经》、杨伯峻的《论语今译》等，就是那时初读的。我还被推举为学校社团“杨柳青文学社”社长。

然而一年多后，国家刮起“下马风”，当初贸然上马的这所“天津市财经学院”被强制下马，改成“天津市财经学校”，我也“水落船低”，由大专生变成中专生。别人上学都是越念越高，我却是越念越低。不过，也许应了那句话“有心栽花花不发，无心插柳柳成荫”，毕业前夕（1963年8月），我在《天津日报·文艺周刊》发表了第一首诗作（语文老师李凯源先生还高兴地抄录在学校大门口的黑板上）。这年8月底，我从该校毕业。

第一次进大学之门，就这样走了一个“旋转门”。

（二）二上南开业大：遇良师点拨，“文革”中断学业

1963年9月1日，我18岁，从天津市财经学校毕业后，被分配到天津市财贸系统当会计（资产负债表就是那时学会做的）。也许不甘于现状吧，翌年，我19岁，考入天津南开区业余大学中文系。在这里，我遇到了对我一生有重要思想影响的良师夏康达先生。

夏康达，上海人，1940年生，长我5岁，曾师从徐中

玉、钱谷融两位文学理论大家。1959年他（19岁）在华东师范大学中文系读大一时，看到姚文元对《创作，需要才能》一文的粗暴批判，觉得其不讲道理，便撰文《做一点“摊底牌”的工作》[1]与之辩论，遭到姚文元的点名批判。1964年大学毕业，这个土生土长的上海人被“分配”到天津南开区业余大学教书。也许是命运的有意安排，就在那时，就在那地，我与他相遇相知。

↑ 我与夏康达老师（右）合影（2019年）

佛家解释“缘”——世上两个或两个以上的生命体，在各自独立运行过程中，偶然相交的那个“点”就是“缘”。似乎是上天安排夏老师在那里等我。

在南开区业余大学的几年学习中，我从夏老师身上学到的，不仅仅是具体的知识（当然也增加了不少学问），更是观察问题、研究问题的治学思想。他经常讲，做学问的根基是“思想、思想”，无论是文学、哲学还是经济学，没有思想创新、创造，不会有大的作为。而要创新、创造，就要独立思考，“想别人之所未想，言别人之所未言”。他还以“众说‘忘我’、我说‘有我’”为例，阐明治学根本问题是“思想的开掘”，语言不过是一个表达工具而已。在这种独立治学精神潜移默化的影响下，我也学着写一些短

① 夏康达：《做一点“摊底牌”的工作》，《文汇报》1959年10月14日。

文，并请他指点、修改。这段学习经历，为我日后从事理论研究奠定了独立思考的基础。回想过去40年我探讨的另一种“产”（广义“产”）、另一种“人”（非“工具论”的“人”）、另一种“转”（以文明交融为灵魂的“转”），就与这种思维方式有关。①

听夏老师讲课是愉快的，但世事难料，1966年5月“文化大革命”爆发，6月学校停课。这场变故摧毁了我那可怜的学业，但我仍难以割舍。当时我与夏老师都是单身青年，他便经常来我家与我促膝交谈。谈到甚浓处，无暇做饭，经常是俩人“清水煮挂面”。从1964年上学开始，我与夏老师的师生情谊持续了半个多世纪。②

（三）三上南开经济学进修班：谷老师的“悄悄话”

在南开大学政治经济学进修班上学期间，我遇到了恩师谷书堂教授。

1974年9月，教育部委托南开大学举办面向全国的政治经济学进修班。我当时在天津市财贸委员会，一则，学过政治经济学，符合入学条件；二则，刚从农村“下乡锻炼”回

① 常修泽：《夏老师教我独立思考》，载郑占文主编《风雨五十年，悠悠职大情》，开明出版社，2008。

② 即使我去北京后依然如故，写每本著作都听取夏老师的意见。2014年10月，由我提议发起，与蒋子龙等朋友一起，在天津举行了夏康达教授从教50周年纪念会，会上我以“秉承知识分子的独立思考精神”为题发言，感谢夏老师对我的治学启蒙。

来，尚未安排工作。正好，被选调到南开大学政治经济学进修班上学。就是这次机缘巧合，使我与著名经济学家谷书堂教授结下终身师生情谊。

谷书堂，1925年生（长我20岁），山东省威海市人，理论经济学家。他在30岁那年（1955年），与魏埙教授共同提出“两重含义的社会必要劳动时间共同决定价值”的理论观点，引起全国讨论从而崭露头角。20世纪60年代与林兆木先生、吴宣恭先生再论“价值决定”，再次引起全国争鸣。谷老师曾在南开大学担任社会主义经济理论经典著作课的主讲教师。

因《资本论》在第一学期已经由高峰老师讲过，谷老师主要讲社会主义经济理论经典著作，包括马克思的《哥达纲领批判》、恩格斯的《反杜林论》、列宁的《国家与革命》《论粮食税》以及斯大林的《苏联社会主义经济问题》等。学习期间，我遇到一些感到困惑的理论问题，便去谷老师家登门求教。

在谷老师家里，谷老师与我谈了经典著作中有关“内在矛盾”的“悄悄话”，当时他的比喻是“一根两苗”。所谓“一根”，是马克思、恩格斯讲的社会主义条件下“劳动谋生手段论”。他认为，从这“一条根”上，本应当长出两个“苗”：一个是按劳分配，另一个是商品经济。但是，经典作家为什么只承认按劳分配，而否认商品经济呢？这是一个矛盾。这番话在我心灵深处（当时作为青年人正陷于“左”倾激进思想困扰中）引起极大的震动，激发了我对理论研究的兴趣，由此开始思考经济学类似“一根两苗”方面的一些深层问题。[①]

1975年9月，我从南开大学政治经济学进修班毕业。本应回天津市财贸委员会工作，但谷老师把我留下，参加由他主持的天津市政治经济学研究班（该研究班设在天津市委党校，本来要通过研究编写一部政治经济学教科书）。谷老师组织专题讨论，让我分析整理写成讨论综述，印发简报。研究班持续了一年半，因地震和其他原因中断。虽然未能编写出政治经济学教科书，但谷老师领着我把社会主义政治经济学“黑匣子”里面的“矛盾点”仔细梳理了一遍，为我日后从事理论研究打下了比较扎实的政治经济学基础。

三进大学无缘本科文凭，是那个时代造成的苦果，由此走上一条“非常规”的成长路。不是说通往“罗马”的另一条路绝对走不通，但是深知其中的坎坷与痛楚，特别是能否遇到意外因素——“机缘”与“贵人”。

恰巧，我有幸遇到“机缘”与“贵人”。

二 南开大学三次破格：时代机缘天地宽

（一）破格录用：国家“转向”与滕校长一锤定音

1978年12月下旬，机遇来了。中共十一届三中全会决定

① 常修泽：《谷老师，让我再看您一眼》，《天津日报》2016年4月1日。

把党和国家的工作重点转移到经济建设上来，并开启改革开放的伟大转折。国家“转向”了，新的时代开始了。

时代的历史性转折把在“文化大革命”中遭到破坏的南开大学经济研究所骤然推上历史舞台。该所由留美耶鲁大学博士何廉先生于1927年创办，以编制“南开指数”等而蜚声中外。

中共十一届三中全会召开后不久，谷书堂教授受命出任南开大学经济研究所书记兼第一副所长，主持全面工作。他上任后大刀阔斧，调整充实研究力量，志在“重振南开经济所雄风”。

1979年1月，基于对我的了解，谷老师提出将我调入南开大学经济研究所从事理论研究，兼做学术助手。考虑到南开大学经济研究所在国内外的学术影响和自己的大专学历背景，我有些胆怯和踌躇，但谷老师坚持向南开大学人事部门申报。听谷老师说，学校人事部门在审阅了我的材料后举棋

在“我是爱南开的”纪念碑前留影

不定，说必须要报请主管校长定夺。关键时刻是主管校长滕维藻教授一锤定音——破格录用，从而为我开启了通往经济学学术殿堂的关键之门。

进入南开大学经济研究所工作以后，我急需提高理论水平。1980年，谷老师率领的导师组开始招收社会主义政治经济学专业硕士研究生。中共天津市委闻讯后，委托南开大学经济研究所顺便开班为天津培养一批进修研究生。谷老师让我在这个班随读研究生核心课程。

这个班师资力量很强。由魏埙教授主讲“资本论研究”，钱荣堃教授主讲萨缪尔森《经济学》，熊性美教授主讲“世界经济专题研究”，谷书堂、蔡孝箴、朱光华、贾秀岩四位教授主讲“社会主义经济理论研究”，吴觉农教授教外语，还请了天津财经学院李惠村教授主讲统计学。当时正值改革开放初期，我看了一些当代经济学家的介绍，授课者有好几位是有影响的经济学家。课上一听，功力果然不浅。

在两年时间里，我一边工作，一边随读研究生核心课程，领略了经济学前辈“板凳一坐十年冷，文章没有半句空”的功夫。虽然没有学位（只获得一张随读研究生学习证明及核心课程成绩单），但拓宽了我的学术视野，进一步夯实了我的经济学研究的理论基础。

（二）破格晋升副教授：多亏改革开放给我思想营养

我到南开大学经济研究所后的前8年，主要是做4件事：

读书、编书、调查、课题研究。

（1）读书。重点是读政治经济学专业研究生核心课程指定的书籍，也读一些中外经济学名著，如弗里德曼的《自由选择》[①]等。

（2）编书。重点是参加由谷书堂、宋则行主编的《政治经济学》（北方本）的编写工作。该书被教育部定为全国文科院校统编教材，后获国家教委优秀教学成果奖。编书过程使我对社会主义政治经济学的体系结构、理论内涵、重点难点、内在矛盾等，有了一个比较系统的把握。

（3）调查。1979年9月，我被临时借调到国务院财经委经济结构调查组，分在东北结构调查组，在东北调研了70多天。1980年暑假，随谷老师到他的家乡威海就“城乡发展一体化”做调研，调研报告在《红旗》杂志发表。通过调查，我对中国经济的深层结构及体制有了更深的认识。

（4）课题研究。我参与了谷老师主持的国家“六五”重点科研项目“中国经济体制改革的理论依据研究”。该课题的最终研究成果，形成著作《社会主义商品经济和价值规律》[②]。全国哲学社会科学规划领导小组在“六五”总结报告中，评价此书是“一部带有开创性的学术著作”。此外，我还参与了谷老师主持的国家“七五”重点科研项目“中国

① 在我随读研究生核心课程期间，南开大学曾邀弗里德曼夫妇来经济所讲学，我现场听了他们的报告。有意思的是，他们的书中附有1928年美国社会党的竞选纲领。

② 谷书堂、杨玉川、常修泽：《社会主义商品经济和价值规律》，上海人民出版社，1985。

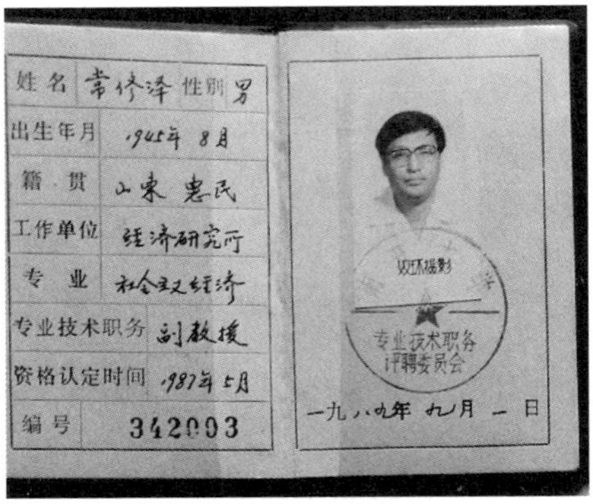

1987年5月破格晋升为副教授

计划体制改革研究”。该课题研究成果形成著作《中国计划体制改革研究》[①]。

经过上述读书、编书、调查和改革理论课题研究，我的学术水平有所提高。1982年12月我被评为讲师；1984年9月有幸参加了具有历史意义的莫干山会议；1985年出任所内社会主义经济理论研究室副主任；1986年向高等学校青年社科基金提交“建立社会主义人本经济学”的课题申请报告，同年被选为天津中青年经济学会会长。1987年5月（自被评为讲师起未满5年）被学校破格晋升为副教授。这次“破格”，多亏改革开放给了我思想营养，以及在谷老师带领下写了有关改革的学术著作。

（三）破格晋升教授：受益于“不限名额 机会均等 公开竞争”

晋升副教授后，按照所内科研分工，谷老师让我独立从事经济学有关微观领域理论问题研究。在谷老师指导下，我开始从“人”（人本经济学）和“产”（产权经济学）两个微观基点起步，逐渐进入角色。

① 谷书堂主编，杨玉川、常修泽副主编：《中国计划体制改革研究》，中国社会科学出版社，1987。

在“人”方面：1986年向高等学校青年社科基金提交“建立社会主义人本经济学”的课题申请报告。针对中国企业缺乏“创新主体”而造成的“企业创新萎缩症”，1988年，我带领研究生戈晓宇共同完成了论文《企业创新论》。此文被国家教委相关会议选中上报，获中共中央宣传部、中央党校、中国社会科学院联合授予的“纪念党的十一届三中全会十周年理论讨论会”入选论文奖，后被《经济研究》选中，在1989年第2期卷首发表，经《新华文摘》转载。

在“产”方面：1987年11月，在全国高校社会主义经济理论与实践研讨会上，提出《建立企业产权市场和经营权市场的构想》，随后此文在《经济参考报》理论版公开发表。在这一构想的基础上，我和研究生戈晓宇共同完成了论文《产权市场论》。该文被选入国家体改委在京西宾馆召开的“全国经济体制改革理论讨论会”，发表于《学术月刊》1988年第12期。从1989年到1990年，我主持完成了天津市重点科研项目并完成专著《资产重组：中国企业兼并研究》。此专著被称为“资产重组研究领域的创新之作”[①]。

此外，在战略研究方面，我提出了“四沿”（沿海、沿江、沿边、沿线）开放战略。[②]1988年5月4日，新华社内参《国内动态清样》以《常修泽等建议实行“四沿——渗透型”开放战略》为题刊发，报中央有关领导参阅。《瞭望》

① 余新民：《资产重组研究领域的创新之作——评常修泽教授的〈资产重组：中国企业兼并研究〉》，《理论与现代化》1993年第5期。

② 该战略主张“四沿联动，重点渗透，东西兼顾，多元开放”。常修泽、戈晓宇：《论“四沿——渗透型”开放战略》，《改革与战略》1988年第4期。

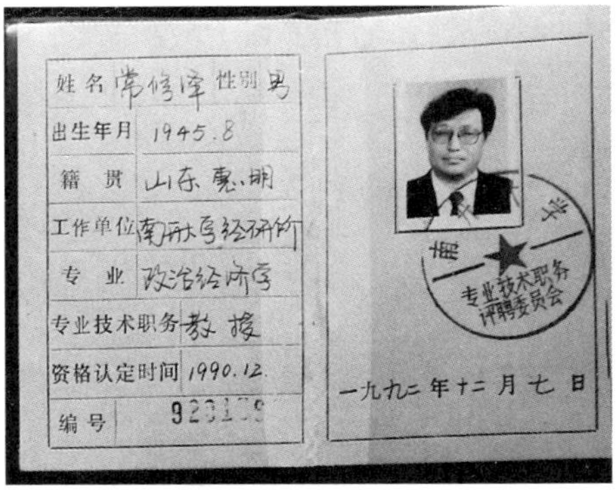

1990年12月破格晋升为教授

周刊于5月23日对此做了专题报道，称这一战略构想对中央的沿海开放战略“提出了一些重要的补充和修正意见”。

恰好碰上一次机会。

1990年12月，南开大学实施了一项“不限名额，机会均等，公开竞争”破格晋升教授的改革。参选条件是副教授、年龄不超45岁、学术上有成绩，要求“将本人的教学科研成果材料提前送学校公开展览，本人亲自到评议会上面对面地向与会几十名专家、教授汇报自己的业绩，并接受质询；尔后，由专家、教授民主评议，无记名投票，提出拟破格评聘人选的意见，最后纳入学校正常评聘程序”①。我当年恰好45岁，已是副教授（3年），符合申请条件。

经过上述一系列程序，经校学术委员会评定和校领导批准，我有幸被破格晋升为教授。1991年3月14日《光明日报》头版头条以《不限名额 机会均等 公开竞争 南开大学一批年轻教授脱颖而出》为题对此事做了报道，其中提到了全校破格晋升的六位教授，包括“被评聘为经济所教授的常修泽”②。

事后，有南开大学老先生告诉我，在校学术委员会讨论

① 路清枝：《不限名额 机会均等 公开竞争 南开大学一批年轻教授脱颖而出》，《光明日报》1991年3月14日。

② 同上。

我的条件时打动评委的有四条：一是《经济研究》卷首的《企业创新论》；二是发表的《产权市场论》；三是“资产重组”课题成果；四是上报中央的“四沿”开放战略。具体评审情况我不得而知，由此事，除感受到校学术委员会老先生们的“允公允能”之外，更感谢20世纪80年代改革开放带来的“不拘一格”的时代氛围。

我晋升教授后，随之行政上的担子也有所增加。1991年初，连任南开大学经济研究所副所长，协助谷老师处理日常工作①。考虑到自己的学历背景和所里的海归人才，我郑重向谷老师提出“谷博对接”，即自己只连任一届，尽快从留学博士中选拔接续人才，我的志趣在治学（尽管学历不高）。1992年，我有幸成为享受国务院特殊津贴专家。

三 中青年四次聚会：家国情怀与切磋论剑

回顾自己的成长道路，除了名师指点、时代机缘外，也和芳华岁月里与众多中青年朋友的聚会论剑、同侪互鉴是分不开的，特别是参加1984年莫干山会议等几次全国性中青年大会，更促使我在那个历史阶段，在共同担起“学术报国”责任的过程中，实现与中青年朋友携手成长②。

---

① 协助谷老师处理日常工作，包括科研管理和研究生教学。此时谷老师担任经济学院院长兼经济所所长。

② 当然还有个人奋斗，那是内在因素。如果用公式表达，就是：成长＝（名师＋机缘＋朋友＋平台）×个人奋斗。

（一）1984年莫干山会议：抱着一个“试管婴儿”

1984年，是我人生中一个具有特殊重要意义的年份。这年在我学术生涯中发生了两件大事：

第一件大事，是在这年春天，我体验了思想界“关于人道主义和异化问题”的讨论，并萌生了试图建立“社会主义人本经济学”的原始冲动。

第二件大事，就是在这一年的9月3日至10日，有幸参加了在浙江省德清县莫干山举行的中青年经济科学工作者学术讨论会（莫干山会议）。这次会议不仅是改革开放以来第一次，还是中华人民共和国成立以来的第一次。时隔多年，莫干山会议被称作“中国改革开放史上重大事件之一”。2012年8月，著名经济学家张卓元主持的《新中国经济学史纲（1949—2011）》把我写的《1984年莫干山会议》列为其中专门的一章。

这次会议的背景，是中央拟在1984年10月召开中共十二届三中全会，对经济体制改革若干重大问题作出决策。当时遇到的突出问题是关于中国经济体制改革的目标模式问题。

1983年，谷书堂教授带领杨玉川和我完成并上交了一份16万字的课题研究报告——《社会主义商品经济和价值规律》，该报告系统阐述了“社会主义商品经济”的理论，主张“中国经济体制改革应以社会主义商品经济作为依据”。[1]

对于社会主义商品经济，当时国内政界、学界既有观点不谋而合者，也有持不同见解者。反对者明确提出：绝不能把我们的经济概括成商品经济，如作此概括，必然会削弱计划经济。

1984年莫干山会议的策划、组织，我未参与。我所知道的是，会议的确定与我所在的南开大学经济研究所青年学者有一定“瓜葛”。1984年夏，北京青年学者朱嘉明、黄江南、张钢三位来我们所进行学术交流，向所里李罗力、杜厦、金岩石和我，以及所外社科院的郝一生等提出召开青年经济学者会议的设想，我们听后都很高兴并表示支持，临别时还把朱嘉明、黄江南、张钢送到天津火车站的月台上。正是在“从天津回北京的火车上”，他们形成了比较清晰的构思，并在“一张破纸上”用铅笔起草了“关于召开青年经济科学工作者会议的通知”。

莫干山会议选人方式最引人瞩目的是“几不讲”（不讲学历、不讲职称、不讲职业、不讲名气、不讲关系）和“以文选人”的模式。也许我对学历、职称之类比较敏感吧，对这道“不拘一格”的“征文令”自然怀有好感。它的“英雄不问出处”精神感染了我。

依据选拔程序，全国共选出论文作者124位，加上其他参会人员共150位，其中，南开大学经济研究所有4位，即李

① 谷书堂、杨玉川、常修泽：《社会主义商品经济和价值规律》，上海人民出版社，1985。全国哲学社会科学规划领导小组“六五”总结报告称，这是“一部带有开创性的学术著作”。

罗力、杜厦、金岩石和我。大会分7个组讨论。一开始我被分在金融组，在那儿认识了蔡重直等金融界朋友。但刚刚报到，大会秘书处成员兼对外开放组组长朱嘉明和另一位召集人杜厦就调我到对外开放组，估计与我在会前刚随谷老师完成《深圳经济特区调查和经济开发区研究》一书有关。

就这样，我在会上参加的是对外开放组。如果说宏观组提出的"价格双轨制"是从国内经济体制改革角度正面切入的"内生性"改革思路，那么，对外开放组提出的则是"以扩大开放倒逼全面改革"的"外生性"改革思路。大会印发的《会议情况》第一期，就是对外开放组的讨论综述，题为《以沿海开放地带为先导　推动我国经济体制的全面改革》。

会前，在随谷老师所做的深圳经济特区调查中，我重点调研了招商局创办的"蛇口工业区"，调查后认为这是"在社会主义的国土上"实行香港经济模式（即"商品经济"模式）的一个"试管婴儿"，并完成了一篇研究报告。我带着此文上山，并在对外开放组发言。①1984年9月28日《经济日报》在《探讨经济改革中的理论问题——中青年经济科学工作者学术讨论会论文摘登》专版以《从蛇口工业区的开发得到的启示》为题选登了此文。

莫干山会议是我学术道路上的一个重要节点。收获是多方面的：第一，拓宽了学术视野。特别是通过对外开放组"头脑激荡"，得到一个深刻启示——作为一个中国改革

① 这篇文章并不是莫干山会议的入选论文，我只是带着此文上山参会。

20世纪80年代曾参加具有重要意义的莫干山会议。图为会议期间（1984年9月）与对外开放组诸友合影。从左至右：常修泽、金岩石、朱嘉明、杜厦、郝一生、李罗力

者，必须把中国改革与世界发展、人类命运结合起来。改革开放不只是实现中国自身发展，还要通过自身发展为世界进步贡献力量，从这开始树立一种大时代、大格局观。第二，感受了莫干山精神（我归纳为时代担当精神、公平竞争精神、自由争鸣精神等）。第三，结交了一批学界朋友。第四，学到了一股清新的学术作风。此外，被人戏称的所谓“南开四条汉子”（杜厦、李罗力、金岩石和我）作为一个集体符号，也开始在学界崭露头角。

莫干山会议召开28年后，由国家发改委国际合作中心接棒，从2012年起又举办了八届新莫干山会议。我应邀出席了2012年、2013年、2014年、2017年、2018年和2019年六届会议，2017年9月18日，在新一届莫干山会议上被推为莫干山

研究院院长。2018年研究院步入正轨之后，我请辞了院长职务（由国家发改委国际合作中心原主任曹文炼同志接任），后被推为莫干山研究院学术委员会联席主任。

（二）1985年天津会议：闹了一个“题词笑话”

莫干山会议后，由京津沪等地中青年朋友发起、天津团市委和南开大学经济学院主办的《中青年经济论坛》，于1985年4月15日在天津创刊，这是中国第一本由中青年经济学者创办的经济理论刊物。[1]

《中青年经济论坛》的诞生，标志着中国中青年经济学者有了自己的学术阵地。第一届编委会由36位中青年学者组成，总编辑为丁望。1986年，朱嘉明任总编辑。1987年，改为南开大学主办，学校下发文件：朱嘉明为特邀主编，逄锦聚、姚林、常修泽任副主编。《中青年经济论坛》成为当时颇有影响力的经济理论刊物之一。

《中青年经济论坛》创刊的那个月，第二届中青年经济科学工作者学术讨论会（天津会议）在天津举行。会前，我被安排担任论文评审组组长，与十几位青年学者一起，在北京《红旗》杂志社地下室招待所内精心审稿，从2615篇论文的作者中选出125位作者。其中有30多位作者是参加过1984

① 我只是一位参与发起者，创刊后担任第一届编委。

年莫干山会议的“双连冠”[①]，其余七成多代表则是“新人”[②]。

在这届中青年经济科学工作者学术讨论会上，杜厦为大会秘书长，我任基本理论组组长，与学界朋友探讨基本理论问题，特别是政治经济学的创新问题。因为此前已经参与国家统编教材《政治经济学》两版的编写，形成了自己的看法。会议期间，由我牵头，组织京津沪三友——上海的朱民（时为复旦大学经济系青年教师，后任国际货币基金组织副总裁）、北京的夏小林（时为北京市委党校青年教师，后任国家发改委体改所研究员）、天津的逄锦聚（时为南开大学经济研究所青年教师，后任南开大学党委副书记、副校长）

① 具体如下：马凯、田源、贝多广、卢健、孙鸿武、刘安、朱嘉明、华生、李克华、李罗力、李剑阁、李晓西、杜厦、时正新、何家成、陈申申、陈晓梅、周其仁、张钢、张少杰、张向荣、张宝通、张维迎、周小川、金岩石、郝一生、杨海田、郭凡生、高粱、夏小林、徐景安、梁秩森、黄维德、常修泽、蒋跃、楼继伟、蔡重直。曾经“上山者”人数占入选者人数近三成。

② 具体如下：马飚（现全国政协副主席，研究员）、马建堂（现国务院发展研究中心党组书记、副主任，研究员）、王战（上海市社会科学院原院长，研究员）、冯仑（现万通集团董事长）、刘伟（现中国人民大学校长，教授、博导）、朱民（国际货币基金组织原副总裁，现清华大学国家金融研究院院长）、卢中原（国务院发展研究中心原副主任，研究员）、宋国青（现北京大学国家发展研究院教授、博导，货币政策委员会原委员）、李江帆（现中山大学教授、博导）、李维森（即韦森，现复旦大学经济学院教授、博导）、沈骥如（现中国社会科学院世界经济与政治研究所研究员，博导）、吴晓求（现中国人民大学副校长，教授、博导）、卓勇良（浙江省发展和改革研究所原所长，研究员）、洪银兴（南京大学原党委书记，教授、博导）、陈琦伟（现亚商集团董事长，上海交通大学安泰经济与管理学院教授、博导）、唐杰（深圳市原副市长，教授、博导）、郭振英（国务院研究室工业交通司原司长）、郭树清（现中国银保监会主席），等等。

合作撰写了长篇论文《经济改革与政治经济学的创新》（成文后我请复旦大学的朱民同志“打头”）。此文提出政治经济学应“以社会经济运行机制为研究主体”①，公开发表在《中青年经济论坛》1985年第3期。几年后，收入朱嘉明等主编的《当代中国：发展、改革、开放》一书，并作为该书的代序言。②该文中关于政治经济学的一些观点，就是在会中与中青年朋友碰撞切磋中萌生的。

在这次会议上，我闹了一个“题词笑话”。4月15日会议开幕之前，薛暮桥先生发来题词，4句16字。开幕式上，大会秘书长杜厦准备宣读，可是因事情太多，临上场突然发现忘带题词原件。他赶紧让我回忆，我凭记忆快速默写出了后三句“满腹经纶，青出于蓝，后继有人”，怎么也想不起头一句，只记得开头有“济济”二字，但“济济”之后是什么，一时想不起来。杜厦在舞台帷幕那里催得紧，情急之下我把“济济”写为“济济一堂”。杜厦上台朗读：“济济一堂，满腹经纶，青出于蓝，后继

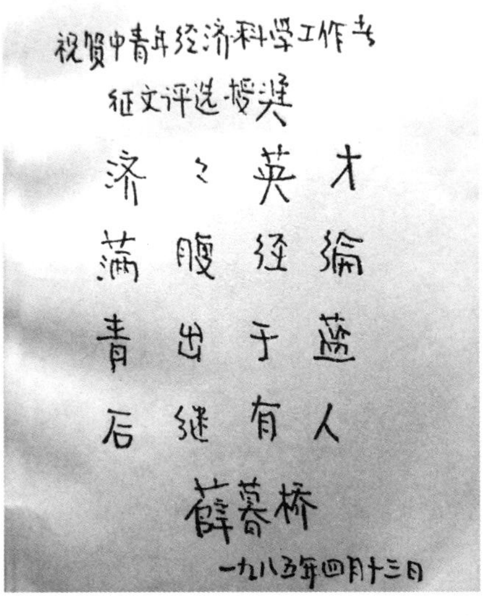

著名经济学家薛暮桥先生为此次会议题词

① 李连第主编《中国经济学希望之光》，经济日报出版社，1991，第255页。

② 朱嘉明、金岩石、常修泽主编《当代中国：发展、改革、开放》，香港文化教育出版社，1987。

有人。”全场鼓掌，气氛十分热烈。杜厦临场说了“感谢老经济学家提携支持”等话。全场鼓掌之后，我突然想起，不是“济济一堂”，而是“济济英才”，忙中出乱。错了二字，闹出了一个“题词笑话”。开幕式后，我提议书面印发薛暮桥先生的题词，以免因我的记忆之错而以讹传讹。

（三）1987年东西部对话会：仡佬族村寨萌生新想法

1987年12月9日至11日，中共十三大召开后不久，我作为《中青年经济论坛》的代表，应邀出席了在贵阳花溪青年活动中心举行的“中国东西部中青年对话会”。参加会议的，既有来自上海、北京、天津、浙江等东部地区的代表，包括上海的陈敏之（时任上海社会科学院部门经济研究所副所长、研究员，顾准的弟弟，已故）、厉无畏（时任上海社会科学院研究员，后任十一届全国政协副主席）等，也有来自云南、四川、广西、内蒙古以及贵州本省等西部地区的代表，包括贵州的叶小文（时任共青团贵州省委书记，曾任国家宗教事务局局长）、内蒙古的郭凡生（时任内蒙古自治区党委政策研究室处长，现任慧聪网董事局主席）、广西的袁绪程（时任广西社会科学院研究员，后任《中国改革》杂志总编辑）等，共80余位。[①]东西部朋友推举我担任召集人和讨论主持人。

---

① 马晓俊：《80余位东西部中青年理论工作者汇集筑城 探索差异 谋求发展》，《贵州日报》1987年12月16日。

会前，与各领队商议，确定了三个议题：（1）西部贫困的根本原因是什么？（2）东西部之间经济社会运行机制之间的差异是什么？（3）东西部在改革发展中应该建立什么关系？

会上，围绕这三个议题主持讨论，其中关于“东部率先”和“西部富饶的贫困”论辩尤为激烈。我从双方论辩的数据中感受到，1981—1985年东西部之间的差距非但没有缩小，反而进一步拉大（短短4年内几乎翻了一番），萌生出“区域经济必须协调发展”的见解，形成了“通过中央政府抽肥补瘦、纵向调节”和“通过企业和市场要素重组，横向调节”的“纵横双轨运作”思路，并把它概括成4句话：“东部减上缴，西部减补贴，‘纵向’改‘横向’，要素重组”。这一思路由参加会议的上海《世界经济导报》记者报道后，被《中国日报》英文版转载。[①]不难看出，这个思路就是在与中青年朋友切磋“论剑”中形成的。

对话会期间，12月10日晚上，时任贵州省委副书记刘正威同志约了9位同志与之座谈，座谈内容在《贵州日报》上公开报道[②]。但未公开报道的是，会议期间，由时任共青团贵州省委书记叶小文同志安排，我和参加会议的另外两位同志与时任贵州省委书记胡锦涛同志进行了内部见面座谈[③]。这是我第一次见到胡锦涛同志。当时贵州省委五届九次会议正在召开，他在百忙中抽出时间到宾馆与我们见面，其平易

① 李连第主编《中国经济学希望之光》，经济日报出版社，1991，第264页。

② 马晓俊：《我想听听你们的真知灼见》，《贵州日报》1987年12月16日。

③ 王仁贵：《常修泽：“人本”发展理论的求索者》，《瞭望》2011年第19期。

近人的风格给我留下了深刻印象。他着重讲了贯彻党的十三大精神“兴黔富民”的构想，并希望我们到贵州山区做些深入调研。

会后，由我带队到仡佬族村寨做了实地考察。就是在那个仡佬族村寨，让我强烈感受到：中国只搞沿海开放战略是不行的，必须要有避免东西板块碰撞的新战略。这是随后（1988年）提出“四沿——渗透型”开放战略的思想来源。

你能想到，这个思想是在仡佬族村寨萌生的吗？

（四）1989年京丰宾馆会议：有一种“被火烤”的感觉

1989年京丰宾馆会议，是20世纪80年代改革史上两个最重要的中青年经济学者会议之一。[①]如今，1984年莫干山会议被称作“中国改革开放史上重大事件之一”，而1989年京丰宾馆会议则鲜少被提及。除看到两篇很简单的记述外，几乎查不到比较翔实的文献。我一直保留会议手册等资料，并对会议有深刻记忆。

此次会议的时间是1989年4月2日至5日。地点在北京市京丰宾馆（通知曾注明在北京丰台“岔路口”，我接到通知，看到“岔路口”三字曾产生一种莫名的感觉）。会议的主要发起单位有中华全国青年联合会、北京青年经济学会等。

① 柳红：《八〇年代：中国经济学人的光荣与梦想》，四川人民出版社，2019，第418页。

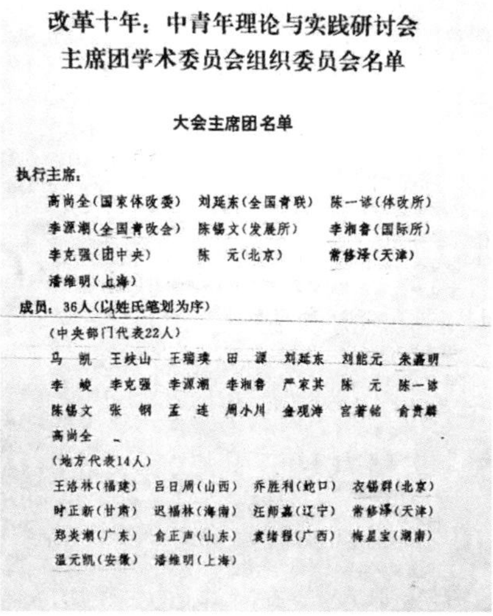

改革十年：中青年理论与实践研讨会
主席团学术委员会组织委员会名单

大会主席团名单

执行主席：

高尚全（国家体改委） 刘延东（全国青联） 陈一谘（体改所）
李源潮（全国青改会） 陈锡文（发展所） 李湘鲁（国际所）
李克强（团中央） 陈　元（北京） 常修泽（天津）
潘维明（上海）

成员：36人（以姓氏笔划为序）

（中央部门代表22人）

马　凯　王岐山　王瑞璞　田　源　刘延东　刘能元　朱嘉明
李　峻　李克强　李源潮　李湘鲁　严家其　陈　元　陈一谘
陈锡文　张　钢　孟　连　周小川　金观涛　宫著铭　俞贵麟
高尚全

（地方代表14人）

王洛林（福建） 吕日周（山西） 乔胜利（蛇口） 衣锡群（北京）
时正新（甘肃） 迟福林（海南） 汪师嘉（辽宁） 常修泽（天津）
郑炎潮（广东） 俞正声（山东） 袁绪程（广西） 梅星宝（湖南）
温元凯（安徽） 潘维明（上海）

1989年4月京丰宾馆会议主席团名单

会议设36人的主席团，共10位执行主席，由上述主要单位和相关地区代表组成——中华全国青年联合会（和团中央）代表3位：李克强、李源潮、刘延东；三所（中国经济体制改革研究所、国务院农村经济研究中心发展研究所、中国国际信托投资公司国际研究所）和一会（北京青年经济学会）代表4位：高尚全、陈锡文、陈一谘、李湘鲁；京津沪代表3位：陈元（北京）、潘维明（上海）、常修泽（天津）。需要说明，无论从资历还是地位，我都不够任“执行主席”的资格（只是沾了地域的光）。放在这里，我有一种“被火烤”的感觉。

会议主题是“总结十年改革经验”。在此之前，受中共中央委托，中宣部、中央党校和中国社会科学院曾于1988年12月18日至22日在北京举行“纪念党的十一届三中全会十周年理论讨论会”。当时中国面临的形势，主要有四个问题：一是通胀严重；二是腐败蔓延；三是以“价格闯关”为标志的经济改革出现急躁情绪；四是经济发展面临下滑压力。基于自己的调查和研究，我在上述会上，提出了“抑通胀，反腐败，稳改革，求发展”的十二字方针建议。

1989年1月23日，共青团天津市委把《天津青年报》记者采访我的《抑通胀，反腐败，稳改革，求发展》报告写成内参，上报时任中共中央政治局委员、天津市委书记李瑞环同志[1]。李瑞环同志阅后批示："建国、洪江参酌。可否发小范围参阅件？"2月13日，中共天津市委研究室内部刊物《对策研究·参阅件》转发了此件。我就是抱着这种"抑通胀，反腐败，稳改革，求发展"的观点参加北京京丰宾馆会议的。

图为南开大学经济学院4位中青年学者出席京丰宾馆会议合影。从左至右：陈宗胜、常修泽、逄锦聚、周冰

会议参加人员是国内对十年改革事业做出贡献和有所成

① 共青团天津市委向李瑞环报告："瑞环书记：最近，天津青年报记者张宝敏同志采访了青年经济学家常修泽同志，并撰写了《抑通胀，反腐败，稳改革，求发展》一文，文中对当前经济形势的一些看法，我们认为虽不宜在报上发表，但作为一个方面的信息，可供领导参阅。现将材料呈上，请您批示。共青团天津市委员会1989年元月23日。"

就的中青年理论工作者和实际工作者代表，共有400多位[①]。我作为来自地方的代表，不了解北京的情况，仅从会场的表现来看，是稳健改革、偏于保守和激进改革三种思想的激辩。会议期间，外电广播了会上关于政治改革方面的争论，主席团十分重视。当天晚上，由刘延东同志主持，召开了执行主席会议，我参加了会议。会中商定把讨论引到经济改革和经济发展上来。具体举措是请周其仁同志在大会上作关于农村改革和发展的报告。第二天，按照大会安排，周其仁同志报告。《中国青年报》在版面显著位置刊发了报告稿。

4月3日，中央电视台《新闻联播》节目播报了该次会议召开的消息。4月5日，会议结束那天，时任政治局常委胡启立、政治局委员兼国务院副总理田纪云、李铁映，以及中央顾问委员会老同志宋任穷等接见了会议的全体代表。

《20世纪中国知名科学家学术成就概览（经济学卷）》第三分册常修泽篇写道：“在当时特定的环境下，他（常修泽）与主席团诸位成员一起合作，促成了会议的顺利进行”[②]，是符合实际的。

从1984年莫干山会议，到1989年京丰宾馆会议，我大体经历了20世纪80年代中青年聚会的全过程。一方面，开阔了眼界；另一方面，也得到了锻炼。这成为我学术成长历程中与“南开修炼”平行的另一条重要道路。

① 但要说明，列入名单上的，有的我在会上没有见到；另有临时邀请或自行前来的，名单上并未找到。

② 宋立等：《常修泽》，载张卓元、厉以宁、吴敬琏主编《20世纪中国知名科学家学术成就概览（经济学卷）》第三分册，科学出版社，2015，第265页。

四　天命之年进京：国家智库再历练

（一）从《希望之光》到《新星荟萃》："扎根本土　潜心治学"

京丰宾馆会议举办两年多后，即1991年11月，在北京经济学界薛暮桥、陈岱孙、马洪、宋涛、苏星、刘国光等经济学家的指导下，经济日报出版社出版了一本《中国经济学希望之光》（前五位学者题词，刘国光作序，李连第主编。以下简称《希望之光》），收录了改革开放后成长起来的60位中青年经济学者治学经历的文章。该书以《扎根本土　潜心治学——注重社会主义经济运行研究的常修泽教授》为题记载了我的治学情况。[①]谷书堂老师审阅此文后写下评语："关于常修泽同志的治学文稿我

在南开大学读书和做研究期间得到谷书堂老师悉心指导和教诲，与谷书堂老师结下40余年师生情缘

① 李连第、刘英伟：《扎根本土　潜心治学——注重社会主义经济运行研究的常修泽教授》，载李连第主编《中国经济学希望之光》，经济日报出版社，1991，第252—267页。

已看过，我认为整理得比较充分而且实在。”[①]27年后，在为写作本书搜集资料时看到谷老师当年的评语，更加感念谷老师的呵护之情。

《希望之光》出版之后的第二年，即1992年9月28日，香港《经济导报》杂志发表了署名“李力”的文章《大陆经济学新星荟萃》（以下简称《新星荟萃》），从《希望之光》一书60位入选者中，重点选出十几位作介绍，包括“港人比较熟悉”的徐景安（深圳），“北居京都”的田源、林毅夫、樊纲、郭树清、常修泽、曹凤岐、洪银兴、魏杰、邓英陶、蔡昉、马建堂、李晓西、周小川等。[②]26年后，除邓英陶同志英年早逝外，其余还都健在。

在《希望之光》一书和《新星荟萃》一文中，论及本人学术道路时，都很注重“扎根本土　潜心治学”的治学特点——“他立足实际，孜孜不倦，潜心于治学之道”。在邓小平同志南方视察和中共十四大召开前后，《希望之光》的出版和《新星荟萃》的刊发，在香港和内地产生了一定影响，并引起了北京有关部门的注意。

---

① 李连第主编《中国经济学希望之光》，经济日报出版社，1991，第268页。

② 更正：当时我仍在南开大学经济研究所，并未“北居京都”。可能在香港朋友看来，京津属北方大京都地区；也可能因我参加全国性学术活动，被误以为“北居京都”。去北京是三年后的事情，作者“李力”在这里似乎开的是一张“期票”。

（二）第一次进中南海北院与获南开经济研究所纪念铜镜

1992年10月12日至18日，中共十四大召开。十四大报告明确提出了“对外开放的地域要扩大，形成多层次、多渠道、全方位开放的格局”的战略部署，引人瞩目。中共十四大召开后不久，我接到时任国务院研究室工交司司长郭振英同志的电话，他说，为贯彻落实中共十四大精神，国务院研究室由王梦奎副主任领衔，组织一场“奔向21世纪的行动纲领——十四大报告录像辅导讲座”。鉴于我曾经提出“四沿”开放战略，想请我去讲关于我国进一步扩大对外开放问题。

于是，我由天津到北京，在东黄城根中国科学院声像中心做了报告录像，录完后郭振英同志带我进入中南海北院。这是我第一次进中南海，颇感新鲜。在吃饭过程中，郭振英同志问我是否愿意到工交司做研究工作。

我坦诚相告：破格晋升教授才两年，谷老师对我有恩，他任院长兼所长，我协助谷老师做常务。倘若现在离开不合适。等过两年退下再说吧。此事就这样被搁置了。

南开大学经济研究所制作并赠送的纪念铜镜

两年后，1994年8月，谷老师和我这一届班子退下，以陈宗胜博士为所长的新班子上任，完成了我提议的“谷博对接”。离任后，新任领导班子精心制作了类似《经济研究》杂志大小的纪念铜镜，铜镜上书：“纪念常修泽教授一九八八年一月至一九九四年八月任南开大学经济研究所副所长。”获得此铜镜，我感到一身轻松。

恰1995年初，北京出现了新变化：国家计委决定组建宏观经济研究院。经王梦奎同志、郭振英同志推荐，宏观经济研究院筹备负责人林兆木先生向国家计委领导汇报并与谷书堂教授磋商[①]，调我到宏观经济研究院。经过复杂冗长的程序，国家人事部于1995年8月中旬正式下达调令，我于1995年9月初进京报到。1995年10月25日，国家计委正式颁发文件，任命我为国家计委经济研究所[②]副所长（副司级），主持常务工作。当时，北京有好心的朋友告诉我："北京水很深。"在如履薄冰中，我的人生新阶段开始了。

（三）宏观院十六年：高端智库促理论升华

国家计委经济研究所成立于1975年邓小平同志主持中央日常工作之时，有一批学有成就的学者。第一任所长是于光远先生，第二任所长是薛暮桥先生，后任的所长还有柳随年先生、桂世镛先生、王积业先生等，他们在中国的学术界是很有影响力的。

调到宏观经济研究院（以下简称宏观院）工作后，母校南开大学老师和校领导仍对我厚爱有加，"人虽走，茶未

① 他们二位是多年好友，我与谷老师多次进京开会，就住在林兆木先生单位招待所。

② 国家计委经济研究所是国家计委宏观经济研究院九个所中的综合性的宏观经济研究所。

凉”：就在调离同月，南开大学研究生院颁发聘书，继续聘我为经济研究所教授和1995级经济学博士研究生导师组成员。1997年1月17日，经过南开大学第五届学位评定委员会第二次全体会议评审，南开大学正式下达文件，公布新上岗的博士生指导教师名单，我被公布为政治经济学学科的博士生导师。

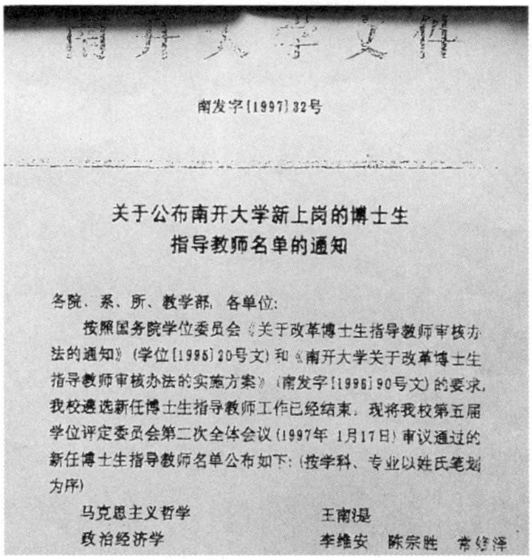

南开大学文件

南发字[1997]32号

关于公布南开大学新上岗的博士生指导教师名单的通知

各院、系、所、教学部，各单位：

按照国务院学位委员会《关于改革博士生指导教师审核办法的通知》（学位[1995]20号文）和《南开大学关于改革博士生指导教师审核办法的实施方案》（南发字[1996]90号文）的要求，我校遴选新任博士生指导教师工作已经结束，现将我校第五届学位评定委员会第二次全体会议（1997年1月17日）审议通过的新任博士生指导教师名单公布如下：（按学科、专业以姓氏笔划为序）

马克思主义哲学　　王南湜

政治经济学　　李维安　陈宗胜　常修泽

1997年被南开大学评定为博士生导师。图为任职资格有关文件。

宏观院这一国家级智库机构，给我提供了深度理论研究和为国家决策提供智力支撑的高端研究平台。除有机会参加

应邀赴美国哈佛大学费正清东亚研究中心做学术交流。图为与凯瑟琳·肯尼迪女士等美国友人会面（1997年）

有关高端座谈会外，委院领导还曾多次派我到国外考察或参加学术交流，如：1997年派我参加在美国哈佛大学费正清东亚研究中心举行的中、美、日、韩四国亚太论坛会议，我与著名学者傅高义教授、凯瑟琳·肯尼迪女士以及其他美、日、韩高端学者进行了交流[①]；1998年派我带队考察法国、德国、荷兰、比利时等国的大型企业集团结构和发展战略；2001年派我赴越南介绍中国改革经验及走势；2003年派我赴日本出席“中日经济知识交流会第23届年会”，我在会上作《中国新领导体制形成后的经济体制改革走向》报告[②]。参加这些国际交流，大大开阔了我的学术视野。

与著名宏观经济学家林兆木先生合影（1998年1月）

尤其是，宏观院的研究是与实际紧密联系的。16年间，结合课题和讲学，我对国内31个省、自治区、直辖市和100个左右地市、自治州做了实地考察，还与企业界建立了制度性联系。1998年中外企业集团发展研究中心成立，曾培炎同志担任理事长、林兆木同志担任副理事长，我被聘为专家组组长。

① 常修泽：《中、美、日、韩四国亚太论坛会议综述》，《经济学动态》1997年第12期。

② 此为内部报告。

上述这些经历，促使我能从更大的视野（国际视野）、更高的境界（中央决策）、更深的层次（理论根源和现实国情），来思考国家的改革发展战略走向及其理论支撑问题。在此期间，我参加的国家级课题研究及成果有：

《社会主义市场经济的基本内涵和主要特征研究》（1996年），为中共十五大报告起草工作提供的内部研究报告（主持人之一），获国家计委科技进步二等奖（1998年）；

“中国国家经济安全战略研究”（1997年），为中共中央财经领导小组办公室下达的内部研究项目（主持人），获国家计委科技进步二等奖（1999年）；

《“十五”计划时期中国经济和社会发展的若干重大问题研究》（1999年，执笔人之一），获国家计委优秀科研成果一等奖（2000年）；

《建立比较完善的社会主义市场经济体制若干重要问题研究》（2001年），为中共十六大报告起草工作提供的内部研究报告（主持人之一），获国家发改委优秀科研成果一等奖（2004年）；

《关于发展先进生产力问题的研究》（2001年，参与者），为中共十六大报告起草工作提供的内部研究报告，其中第一专题研究报告（独立完成），获国家发改委优秀科研成果一等奖（2005年）；

《建立与社会主义市场经济相适应的现代产权制度》（2003年），为中共十六届三中全会提供的内部研究报告（独自完成），2004年获准公开发表；

“中国经济发展模式转型提升研究”（2009年），为中央组织部重点调研课题（主持人），获中央组织部重点调研课题成果一等奖[①]；等等。

上述课题研究及成果，一方面，为中央和有关部门决策提供了理论和对策参考；另一方面，也促使我进行更深层次的理论探讨。其中，有3项成果获国家发改委（原国家计委）优秀科研成果一等奖。

参加上述与中央决策相关的高端智库研究，对于我这个从高校来的“书生”而言，难免有种“高处不胜寒”之感。就理论学术研究而言，16年的在岗智库研究，使我在南开大学17年研究获得的理论积累得以升华，尤其是使我在20世纪80年代和90年代初期开始的“人本经济学研究”（以1986年向高等学校青年社科基金提出“建立社会主义人本经济学”的申请为标志）、“产权经济学研究”（以1987年11月提出《建立企业产权市场和经营权市场的构想》为标志）和“转型经济学研究”（以1993年出版的《我的市场经济观》一书收入我的文章《我的市场经济观：“换体”论》为标志）得以进一步深化。

经过多年的探索，在退休前3年（2008—2010年），我终于陆续出版了集30年心血的3部学术专著：《人本体制论》（中国经济出版社，2008年）、《广义产权论》（中国经济出版社，2009年）、《产权人本共进论》（中国友谊出版公司，2010年）；此外，《中国经济发展模式转型提升论》也被中国社会科学出版社出版的专集收入。至此，在南

① 中共中央组织部党建研究所：《世界政党专题研究报告（第五卷）——当今世界主要发展模式比较研究》，党建读物出版社，2011，第307—331页。

开大学和宏观院的岗位上多年潜心研究的“人”（人本经济学）、“产”（广义产权理论）、“转”（全面转型理论），总算有了独立的学术论著。上述学术探索成果精要，被收入张卓元等主编的《中国百名经济学家理论贡献精要》（第二卷，中国时代经济出版社，2010年）。这也算是对历史的一个交代吧。

（四）2011年退休：潜心于长白山与海南“学术修炼”

我出生于1945年，按国家规定应于2005年退休。后根据宏观院博导延聘5年的规定，顺延到2010年。到办理退休手续时，院里表示再留一段时间。就这样，到2011年6月30日，我正式办理退休手续，时年66岁。

令人难忘的是，2011年6月30日上午，国家发改委经济研究所为我举办了一场比较隆重的学术报告会（用的恰好是为庆祝“七一”提前布置的会场）。会议由时任经济研究所所长刘树杰研究员主持，经济研究所全体同仁、宏观院其他兄弟所同仁以及学生代表等100余人出席。刘树杰所长说了一些饱含感情的话，此后我以《体制三论：人本论、产权论、转型论——前半生经济理论研究的反思》为题作了专题报告。报告指出自己退休前的三大遗憾：一是没能写出一部成体系的《人本经济学》（教科书）；二是没能完全打通“人本论”和“产权论”；三是尚未最终出版探讨转型的《包容性改革论》著作。最后，我用清代思想家龚自珍退休离京时写的诗句“浩荡离愁白日斜，吟鞭东指即天涯。落红不是无情物，化作春泥更护花”，表达了自己对年轻“新花”的殷殷期许和退休后愿作“护花春泥”的真挚情意。

退休后，针对自己的三大遗憾，我决心找个清静的地方读书写书。什么地方？趁着自己清醒，找个与自己“边缘”地位相应的边缘地方。但也要考虑三大因素：第一，感情因素，有不了情；第二，环境因素，冬暖夏凉；第三，人文因素，有人脉，且与科研尽力结合。经比较，我选择了比较“边缘”的东北长白山二道白河小镇与海南海口。

之所以选择东北长白山二道白河小镇，是因为1979年的第一次系统调研，我参加“东北结构调查组”，有一种难以割舍的“东北情结”。同时，我兼任东北大学教授和博导。恰好2013年吉林长白山管理委员会邀我出席长白山国际生态论坛（讲我的环境产权理论），我看中了论坛所在地——二道白河小镇。从此每年夏天到此地读书写书：马尔库塞的《单向度的人——发达工业社会意识形态研究》等，就是在此精读的；《人本型结构论》《混合所有制经济新论》和这部学术自传书稿也是在这个小镇完成的。长白山二道白河小镇给了我思想灵感和战略理性，成了我的第一扎根地。

第二扎根地是海南海口。1990年，我曾利用暑假首次登上海南岛，做环岛经济调查，力主洋浦搞“自由港”；1993年，再次建议“洋浦封关后应向自由港迈进”，并上报国家有关部门；尔后，应聘担任中国（海南）改革发展研究院学术委员和博导；2009年4月，受聘为海南省政府咨询顾问委员会顾问。正是这种缘分，退休后我决定在海口海甸岛美丽沙安“家”，每年冬天在此读书写书。尤其是住进西海岸专家公寓之后，与经济学界多位同仁比邻而居，也促使我从更深层次思考理论问题。《包容性改革论》《所有制改革与创新——中国所有制结构改革40年》等书就是在海南构思、撰写的。

以北京为中心，北至长白山，南到海南，潜心于“学术修炼”。有朋友给我写了八个字：闭关修炼，淡泊致远。但愿如此吧。

这就是我艰辛而幸运的“另一条路”。

在回顾这条治学之路时，特别感激谷书堂老师，是谷老师把我引进经济学研究之门，并在几十年间给予我呵护和指导。因此，2014年，在谷老师九十寿辰前夕，我在和南开大学经济研究所原所长柳欣（2013年英年早逝）共同主编出版的《不平坦的治学路——谷书堂学术经历与学术思想述评》一书中题写了“谨以此书献给谷书堂教授九十华诞”的长幅楹联。

↑ 不忘师恩。2014年，在谷书堂老师九十寿辰前夕，与柳欣主编出版了《不平坦的治学路——谷书堂学术经历与学术思想述评》一书，并题写长幅楹联。

本章思考与沟通

写完这一章，我在思考几个问题，愿与读者进行心灵沟通：

1. 关于个人与时代的关系。

读者从本章所述中可看到，一个人的命运是与时代息息相关的。以我个人为例，从人生履历来说，属于战后“婴儿潮”一代；从经济学界治学履历来说，应该属于改革开放成长起来的一代。20世纪六七十年代对我是“艰辛而痛苦的时代”，20世纪八九十年代对我是“幸运而开心的时代”。

书中引用了莎士比亚的一句话：“我们命该遇到这样的时代。”需要探讨的问题：怎样处理个人成长与所处时代的关系？具体说，在“艰辛而痛苦的时代”如何防止“沉沦”或者“随波逐流”？就治学而言，据我所知，在那些年代有不少与命运抗争者。对那些过去和现在不得不游荡在大学和研究机构之外的“孤军奋斗者”，我充满同情和敬意。

另一方面，在“幸运而开心的时代”如何珍惜机遇、加倍努力工作，尽力推动时代车轮前进？在火红的改革年代，确有一大批勇立潮头甚至带动了时代风潮的“弄潮儿”，他们是时代的骄子，我由衷佩服并引为楷模。

2. 关于思想境界的两个“缘”的关系。

宋代诗人留下句式相似、观点相似但角度相反的两句诗：一句是王安石的“不畏浮云遮望眼，自缘身在最高层”，另一句是苏轼的“不识庐山真面目，只缘身在此山中”。

前者告诉我们只有志存高远，方能一览无余，胸襟万里。任何人，特别是改革者，应有这种高瞻远瞩、不畏奸邪的气概。后者则从另一侧面告诉我们，为何“当局者迷”？“只缘”被山中云雾挡住了双眼。

在成长中如何登高望远、提高境界，不被浮云遮眼？如何善于发现并尊重周围的“智者”，避免“不识庐山真面目”？对后者，我的体会是，即使在社会的最底层，也会藏龙卧虎，有不少堪称高段位的“棋局高手”。关键是你能否识得他的“真面目”。

3. 个人成长与朋友、平台的关系。

“一个篱笆三个桩。”从20世纪80年代中国中青年学术活动来看，那些才华横溢的青年学者，不仅指点江山，激扬文字，而且富有献身精神和人文情怀。要特别珍视这些时代“弄潮儿”的带领作用和朋友之间的互帮互学在个人成长中的作用，做到“真诚待友、心心相印”。

同时，平台在成长中的作用不可低估。如何与适合于自己的平台形成良性互动？如何创建新的平台，为自己也为更多的朋友“搭台唱戏”？有平台，要上；没有平台，创造平台也要上。

贰

“产”：《广义产权论》，为天地人生命共同体立命

“产权论”是我在过去40年中最先探索，也是曾经花费心血最多的研究领域。如果说，40年磨出“3根针”的话，“产权论”（《广义产权论》）应是“第1根针”，在三部曲中居于基础地位。无论从探索的历史顺序，还是从内在逻辑来看，“产权论”都应该放在第一位。

不过，正如本书导言所说的，在“产权论”这方面的探索，有自己的几点“独特追求”：

第一，一开始也是一个“狭义产权论”者，但没有固守此论，而是追求突破，经多年探索，形成自己的“广义产权论”；

第二，不是把着力点放在构建“产权经济学”专业体系上，而是试图为政治经济学体系构筑一个“产权理论基石”（求“道”）；

第三，不是单向度的“孤立产权理论研究”，而是试图把“产权论”与“人本论”结合起来，寻求产权、人本两大理论的“耦合”之路；

第四，在学术理论研究的同时，尽力把它与应用特别是国家决策结合起来，不仅为人类命运共同体自身，而且试图为更大范围的“天地人生命共同体”立命，以实现“学术报国”之夙愿。

简言之，为八个字：“广义”“基石”“耦合”“决策”。

一 20世纪80年代：从主张“长期并存”到发表《产权市场论》

我研究产权问题，是因在改革实践中碰到了它，属“问题导向”。而且，学术认知也经历了一个由“实”到“名”、由“狭”到“广”的逐步提升和拓展过程。20世纪80年代上半期，虽然写过几篇实际上涉及“产权”内容的论文，但并没有使用“产权”这一概念，直到1987年提出《建立企业产权市场和经营权市场的构想》，我才第一次使用“产权”范畴。本节阐述由“实”到“名”的过程，第三节再论述由“狭”到“广”的拓展过程。

（一）1980年《长期并存 比翼齐飞》在《人民日报》发表：一个四十年的“沉重”话题

1979年，即实行改革开放的第一年，当时的国务院财经委员会组织了一个“经济结构调查组”，由著名经济学家于光远和马洪两位前辈领衔，对中国经济的深层结构及其体制进行调查。那年，我刚进入南开大学经济研究所从事理论研究，被临时借调到国务院财经委员会“经济结构调查组”，后被分到“东北结构调查组”。

从1979年10月中旬到12月底，在冰天雪地中调研了70多天，获得大量第一手材料。[①]调查完成后，除以调研组的名义撰写相关调查报告并上报外，回校后经理论升华撰写了一篇探讨“所有制结构”的报告，题为《长期并存　比翼齐飞》，发表在《人民日报》理论版。[②]文章针对当时国有经济几乎“一统天下”的局面，主张国有经济与非国有经济“长期并存，比翼齐飞”。

这是尝试对我国自20世纪50年代末以来国有经济几乎“一统天下”格局的矫正。[③]

38年过去，在写作本书时重读此文，颇为感慨，有种时光倒流之感：不知是该“喜”（当年提出国有经济与非国有“长期并存，比翼齐飞”的见解），还是该“悲”（时至今日，东北所有制格局“比翼齐飞”之势尚未形成，依然是一翼硬、一翼软，不够理想）[④]。此文提出的话题，40年经久不衰，是当时未曾预料的。

后来遇上两件有意思的事。

第一件事：文章发表1年后（1981年），著名女作家张洁创作并出版了长篇小说《沉重的翅膀》，这是反映中国工业改革的第一部长篇小说。她以东北国企为背景，用艺术作品形象地回答了中国在寻求多元所有制“长期并存，比翼齐

① 李连第、刘英伟：《扎根本土　潜心治学——注重社会主义经济运行研究的常修泽教授》，载李连第主编《中国经济学希望之光》，经济日报出版社，1991，第252—267页。

② 常修泽：《长期并存　比翼齐飞》，《人民日报》1980年5月9日。

③ 当然，这种矫正又是极不彻底的，当时只对非国有的城镇集体经济发展有所认识，未提出私营经济和外资经济发展的命题。

④ 常修泽：《东北经济需“两翼齐飞”》，《经济日报》2017年8月16日。

飞”的过程中，国有经济这一“翼”为什么“飞”不起来的深层原因——“沉重的翅膀”。因视野广阔，思想深刻，该小说获得第二届茅盾文学奖。一个“齐飞”，一个“翅膀”，似有某种内在联系。

第二件事：文章发表35年后，即2015年暑假，我带领几位博士生对东北进行实地调查。我们了解到，经过2003年以来的第一轮十年振兴，到2013年东三省规模以上国有工业资产的比重分别是黑龙江64.69%、吉林54.09%、辽宁45.8%。[①]有意思的是，2017年8月16日《经济日报》刊登了我的一篇文章，标题依然是《东北经济需“两翼齐飞”》。

反思1980年发表的这篇文章，只能说与宏观的所有制结构变革有一定关联，但对微观领域的产权并无直接着墨，所主张的只是一种宏观层面不同所有制的“长期并存”而已。就微观基础来说，该文并没有涉及企业产权，尤其是对国有企业产权怎样变革的问题未做说明。

（二）从商品经济导出国企“自负盈亏”：《方向》一文发表难

国有企业产权怎样变革？围绕此议题，1981年春天我跟随谷书堂老师对天津的几家国企实行“全额利润分成”情况进行了调研。调研报告刊发在红旗出版社《经济调查》第一

① 2013年全国非金融类国有企业资产的比重约为30%。

辑[①]。该报告并未触及国企产权内核，只是在分配环节搞些“利润分成”而已。

按照谷老师教给我的思路，既然搞商品经济，企业就应该“自负盈亏”。恰好，当年天津四家国企（锻压机床厂、自行车厂、第一毛纺厂和手表厂）实行“以税代利，自负盈亏”的试点，我便下厂进行调查。调查的那年夏天，天津暴雨成灾，骑自行车下厂时大水没过车轮，那时也见到了企业改革的“大雨”。经过比较分析，我感觉，国企“自负盈亏”比“全额利润分成”更有变革性意义，在此产生“自负盈亏是国企改革的方向”的观点，遂完成《国营企业经济体制改革的方向——天津市四个国营企业实行“自负盈亏”的调查》（简称《方向》）。

此文完成后，本想投寄给北京某著名刊物，但获知他们对“自负盈亏”把握不准，只准写“盈亏责任制”，遂作罢。所幸，“自负盈亏”的观点获得老师夏康达先生（当时在天津师院任职）的支持，该文在《天津师院学报》（双月刊）1981年第6期公开发表。[②]

从商品经济导出国企“自负盈亏”，这篇文章却遭遇发表难。尽管它尚未触及企业产权问题。

① 谷书堂、常修泽：《天津市国营企业实行全额利润分成试点情况的调查》，载《经济调查》第一辑，红旗出版社，1982，第7—12页。

② 当然，这里的“自负盈亏”也只是相对性的，因企业并非独立的商品生产者和经营者，真的发生亏损，企业拿什么“自负”？

（三）1987年尝试使用“产权”概念：提出“建立产权市场”的构想

我尝试使用“产权”概念，是1987年11月在全国高校社会主义经济理论与实践研讨会上。这次“产权”概念的使用，应了“天时，地利，人和”。

天时——当时党的十三大刚刚召开完，十三大报告《沿着有中国特色的社会主义道路前进》提出并系统阐述了“社会主义初级阶段”理论，这就可以大胆地探索符合社会主义初级阶段实际情况的生产关系，在关于经济体制改革部分，明确指出“一些小型全民所有制企业的产权，可以有偿转让给集体或个人”，引发大家探讨。

地利——会议在浙江大学举行，而浙江是中国改革开放的先行地之一，特别是中国民营经济的第一发源地。

人和——与会全国高校中有一批志同道合、推进改革的同行青年朋友（如中国人民大学的魏杰、北京大学的刘伟、南京大学的洪银兴、浙江大学的姚先国等）。

当时学术界已经提出“包、租、卖”，既然“大的包、中的租”，那么，在哪里包或租呢？既然“小的卖”，在哪里卖呢？基于此，我在学术发言中提出《建立企业产权市场和经营权市场的构想》。具体来说，“包、租”可到经营权市场，“卖”可到产权市场。此构想提出后，在天津曾引起争论。一位经济学老师在天津社联会上指出：“产权不是商品，怎么建立市场？”当然也有支持的——天津市委内部刊物《对策研究》1988年2月16日率先刊登《建立企业产权市场和经营权市场的构想》一文。随后，此文于1988年4月22日在新华社《经济参考报》理论版公开发表，被评为当年理论“好稿”①。

在这一构想的基础上，1988年，我带领研究生戈晓宇完成了长篇论文《产权市场论》。该文被选入国家体改委1988年10月在京西宾馆召开的“全国经济体制改革理论讨论会”，受到时任国家体改委副主任高尚全先生的好评。在大会发言后，该文引起上海方面重视，随即发表于上海《学术月刊》1988年第12期，为上海建立中国第一个产权交易所（1991年）提供一定参考。从此，“产权”二字开始正式进入我的科研成果中。

（四）《企业创新论》获中央纪念改革十周年论文奖，于《经济研究》卷首发表

要在企业外部建立“产权市场”，一个新的命题随之提出：企业“自身”怎么办？根据调研，当时我发现一个深层的问题：中国企业普遍存在“创新萎缩症”。于是，就紧紧抓住“创新萎缩症”的“制度根源”，以此作为突破口，探讨“如何建立中国的企业创新机制”问题。

当时，“中国企业创新机制研究”尚是一个崭新的命

① 此前后，国内“应运而生”了几篇探讨“产权市场”的论文。如田源、乔刚、任兴洲的《发展企业产权市场的构想与对策》（《决策探索》1988年第3期）等。我的《建立企业产权市场和经营权市场的构想》乃同期之一，为当时国内第一批提出并探讨“产权市场”的论文之一。

题，学术界较少触及。因此，1988年秋天完成的《企业创新论》引起了国家教委的重视。在武汉召开的会议上，由国家教委组织评选、上报。1988年12月，《企业创新论》获中共中央委托中宣部、中央党校、中国社会科学院联合召开的“纪念党的十一届三中全会十周年理论讨论会”入选论文奖[①]。随后，《企业创新论》在《经济研究》1989年第2期卷首发表，经《新华文摘》1989年第5期转载，成为研究中国企业创新机制的早期之作[②]。

二　20世纪90年代：主笔四部产权专著，“为伊消得人憔悴”

（一）第一部：瞄准“资产重组”，旨在打破资产“刚性结构”

1988年主笔完成的《企业创新论》，获中宣部等三部门“纪念党的十一届三中全会十周年理论讨论会”入选论文奖并在《经济研究》发表后，引起了天津市委理论部门的重视。不久，他们下达一个重点科研项目——“公有制商品经济中的资产重组”。这是我“出道”（担任经济学副教授）以后承担的第一个重点科研项目。

1989年上半年的产权变革形势，正如我在《资产重组：

① 简称为中央纪念改革十周年论文奖。

② 常修泽、戈晓宇：《企业创新论》，《经济研究》1989年第2期。

中国企业兼并研究》这部著作一开始所写："中国现在正处在企业资产乃至整个社会资产重新组合的初始阶段。以企业兼并、企业集团、企业拍卖、企业破产和参股融资为主要内容的多种资产重组形式正随着改革的春风萌生于中国大地，预计在90年代将会有突破性进展。""这一次浪潮的到来势必会向传统的资产组合理论提出挑战。""时代要求我们必须进行开创性的研究，根据新的实践把社会主义的资产配置理论推向前进。"①

迎接挑战—开创性研究—把理论推向前进。经过我和研究团队（周立群、王光伟、黄志亮、吴子魁、熊峰、祝尔娟）两年的调查、研究、写作，于1990年底完成书稿。谷书堂教授在书的序言中写道："这是一部带有探索性的企业经济理论专著，书中提出的观点弥补了学术界关于公有制和商品经济条件下资产重组这一研究领域的某些欠缺。尤其是作者从社会主义商品经济的大背景出发，把商品经济理论贯穿到资产重组全过程的写法，无疑是一个有益的尝试。"

之后有关方面组成评审组，评审专家余新民教授等召开鉴定会并发表观点：《资产重组：中国企业兼并研究》是资产重组研究领域的创新之作。②1990年底至1991年初，我在南开大学参加遴选教授的过程中，这部"30万字书稿和出版

① 常修泽主编《资产重组：中国企业兼并研究》，陕西人民出版社，1992，第1页。

② 余新民教授在鉴定会后，以此为标题发表书评。余新民：《资产重组研究领域的创新之作——评常修泽教授的〈资产重组：中国企业兼并研究〉》，《理论与现代化》1993年第5期。

社通知”成为四条评定依据之一。1992年2月，该书由陕西人民出版社正式出版。

出版社在内容提要中指出，“这是国内较早研究社会主义商品经济条件下资产重组的著作之一，书中通过中外企业兼并历史与现实的考察，对中国企业兼并的实际运作、与此相关联的劳动力配置、兼并机制与其他诸种资产重组机制之间的关系、企业兼并中的政府行为等方面进行了系统分析，形成了一个比较完整的社会主义企业兼并的理论体系”。

这是我在1988年至1998年主持的“产权经济理论研究系列”的第一个项目，该书也是我平生单独主持完成的第一部学术专著。

值得关注的是，在《资产重组：中国企业兼并研究》一书公开出版前两个月，即1991年12月21日，新华社内参《国内动态清样》1991年第3130期，曾刊登了书中有关资产重组的理论观点和政策主张，题为《常修泽建议改革国有资产机制，为搞活大中型企业创造条件》。当时正值1992年邓小平同志南方视察的前夕，改革正处在低潮时期。内参上报后，为中央和国家有关部门此后改革决策提供了参考。

该书1992年2月出版时，邓小平同志南方谈话已经发表，理论界的学术气氛开始活跃。3月8日《亚太经济时报》在头版头条以《着力打破国有资产的“刚性结构”——常修泽教授谈九十年代企业改革的新思路》为题刊发该书内容，引起社会较大反响。

这里有件有意思的事：在邓小平同志南方视察前，相关部门不让说“资本化规则”，只让说“资产运营规则”。

在1992年2月出版的书中我斗胆使用了“资本化规则”一语。邓小平同志南方谈话后，人们思想进一步解放，“资本化规则”一语引起关注，至少可以在内参中议论了。1992年11月13日，新华社以《常修泽建议按“资本化规则”重塑我国国有资产的运营体系》（刊发在内参《国内动态清样》1992年第2717期）为题，报决策层参考。书中的观点没变，社会舆论环境变了。接着，此书获第七届中国图书奖（1993年）和国家教委科研成果二等奖（1993年）。转年即1994年，我被香港《经济导报》称为“对产权问题素有研究的经济学家”[①]。

（二）第二部：瞄准“产权创新”，以身换书，值也不值？

论文《企业创新论》获中宣部等三部门“纪念党的十一届三中全会十周年理论讨论会”入选论文奖，并在《经济研究》发表后，引起国家哲学社会科学基金和国家教委博士点社会科学研究基金的关注和重视。1990年，在我主持的第一部学术专著《资产重组：中国企业兼并研究》接近完成之际，通过申报、竞标，我承担了国家“八五”哲学社会科学重点项目“中国现阶段公司制度研究”和国家教委博士点社会科学研究项目“中国企业创新机制研究”。

1991年，两个项目“合二为一”研究启动。首先由我提出详细的研究和写作提纲，然后分头搜集资料，调查研究。

① 王魁臣：《国企：改到深处是产权——访经济学家、南开大学教授常修泽》，《经济导报》1994年第35期。

1991年我先带领研究生祝尔娟、高明华到天津港务局调研（此事成为高明华研究国资、国企的开端），1992年对其他国企进行调研。调研报告对国资产权做了较深入的论述[①]，获天津市调研成果奖。

在此基础上撰写初稿，其中我负责撰写或主笔撰写共10章。为了集中精力写好此书，我离开了家，搬了一张写字桌，在南开大学北村借了经济研究所谢思全老师的一间空房，独自一人潜心写作。累了，倚墙休息；困了，猛喝从海南带来的速溶咖啡……

经过近一年的写作、修改、统纂，到1994年春，在当时的研究生高明华（后在北京师范大学，成为公司治理专家）、黄志亮（后为重庆工商大学副校长）、祝尔娟（后为首都经贸大学教授）、毛元斌（后在国务院国资委企业改革局，病逝）4人的共同参与下，4篇15章37万字的书稿终于完成。

写作期间，我因日夜劳作，身体内分泌失调，体重下降10公斤。我的一位在吉林市中心医院当办公室主任的研究生王宏伟带我做全面体检，发现我已经患2型糖尿病，终身难愈，直到今天依然每天靠注射胰岛素维持功能。王宏伟说："您为一本书得这个终身疾病，到底值不值？"

现在看，有实在不值的一面，也有值的一面。"功夫不负有心人"，《现代企业创新论——中国企业制度创新研究》确实是我研究产权理论的呕心沥血之作。

书中预测，随着市场经济的萌生和发展，一场历史性的

① 常修泽、祝尔娟、高明华：《关于国有资产运营问题的研究》，《理论与现代化》1993年第2期。

企业创新浪潮即将在中国大地兴起。书中尝试性地提出了中国企业制度创新的三大理论依据，即“资源配置‘换体论’”“企业产权重组论”“资本运营效益论”。特别是书中提出了“寻求现代市场与科层新组合”的理论构想，在此基础上对中国企业制度创新的目标架构、运作方式以及与此相关联的企业市场创新、管理创新和创新主体等，进行了系统阐述。

此项国家重点项目研究成果，以《现代企业创新论——中国企业制度创新研究》（简称《现代企业创新论》）为书名，于1994年11月由天津人民出版社出版。谷书堂教授在书的序言中指出：“我阅读了这本书稿，感到在理论上确有新意，表现在以下几个方面：（一）关于‘现代市场与科层新组合’的研究思路；（二）关于中国企业制度创新的立论依据；（三）关于‘财产关系大裂变’和法人产权制度的理论模式；（四）关于中国国有企业‘分类改革、三线推进’的运作方略；（五）关于企业市场创新的两重涵义；（六）关于社会主义企业创新主体问题。”“这些独到的见解，对于推进国有企业制度创新，具有重要的参考价值。”

此书出版后，在理论界引起反响。中国人民大学经济系前主任宋涛教授在《人民日报》理论版《书刊评介》栏对《现代企业创新论》发表如下评论：“作者从中国的实际情况出发，运用马克思主义的基本原理，借鉴当代西方国家企业制度研究的有益成分，对中国传统体制下企业制度存在的问题进行了深刻分析，并对于在社会主义市场经济条件下的企业制度创新进行了富有成果的探索。”他认为不仅研究主题创新，而且研究观点创新，“由此形成了一个比较完整的现代企业制度创新理论体系”。[1]这位从延安来的老革命、老权威能有此看法，着实令我肃然起敬。

此外，其他一些学者也发表书评，对该书给予了较高评价。1995年9月，我离津进京以后，天津市人民政府授予该书“天津市哲学社会科学优秀成果奖”。1996年1月，《经济日报》理论探索版以《积极推进企业制度创新——南开大学经济学教授常修泽访谈录》为题，用谈话的方式探求《现代企业创新论》一书的理论奥秘。1996年，在我申报南开大学博导的材料中，这部37万字的著作是学术支撑（“硬通货”）之一。

《现代企业创新论》问世20余年来，还是有一点理论生命力的。直到2018年，中央有关部门在酝酿出台保护企业家文件之前，内部报告还在参阅该书第15章“企业创新主体分析”。这是后话。

（三）第三部：瞄准“产权交易”，与产权市场结缘

1988年，论文《产权市场论》在京西宾馆报告并在上海《学术月刊》发表后，没想到，在实践中对产权交易市场起到了一定的“催生”作用。特别是1992年，中共中央确定以社会主义市场经济作为改革目标之后，产权交易市场开始兴起。

① 宋涛：《〈现代企业创新论〉简介》，《人民日报》1996年5月30日。

1993年，为了更深切地把握产权交易市场的发展情况，我到上海、广东、海南、云南、吉林等地进行了实际调查，并参与了天津产权交易中心的创建筹备工作。

1994年春，我在给南开大学经济研究所研究生讲授“产权经济理论”专业课时，把“产权交易理论与运作”作为一个专题重点讲授。国内一些产权交易机构也请我讲授如何规范和发展产权交易问题。这一情况引起了新华社天津分社记者马魁君的重视，由他采访并上报总社。1994年4月17日新华社内参《国内动态清样》刊登了《常修泽教授建议尽快规范产权交易市场》一文，报决策层参考。《亚太经济时报》1994年6月5日、6月7日、6月9日分三期连载了我的论文《建立规范的产权交易市场体系》。

这一系列的学术动态引起了北京一位新闻出版界人士的注意，此人为《经济日报》高级记者杨林林女士。我于1988年在参加北京学术会议期间与她相识，她时任《经济日报》机动采访部主任，并在《经济日报》开辟个人冠名专栏《林林视界》，在新闻界有些名气。1993年前后，她出任经济日报出版社编辑室主任。出于支持创新的考虑，她约我以在南开大学关于“产权交易理论与运作”的讲稿为基础，撰写一部专著。我考虑到，在西方发达国家中产权交易已有百年的历史，当时在俄罗斯和东欧的一些国家中产权转让也在大规模开展，但是在社会主义公有制为主体的条件下如何进行产权交易则是个新问题，确实值得探讨。于是，由我主笔并带领1993级研究生李学峰、唐小东、顾颉、武凯共同撰写，于1995年2月由经济日报出版社出版《产权交易理论与运作》

一书（第1版）。

杨林林女士亲自为本书撰写了内容提要：“‘产权交易’这个现代市场的产儿，伴随着我国历史性的资产重组浪潮，正以其不可阻遏之势勃然兴起。这是继股票、房地产、期货交易之后的又一新的投资领域。对此国人多感陌生，不知如何操作，运行中普遍存在着运作不规范的现象，相应的理论支撑更显薄弱。故此，我国著名中青年经济学家、南开大学经济研究所常修泽教授在经过数年潜心研究并掌握大量新鲜材料的基础上，亲任主笔，将本书奉献给广大读者。”

全书共10章，31.8万字。出版社在该书简介中，还特意提出：“书中不仅有丰富的国内外运作实务，也有系统的理论阐述，是一本有关产权交易之及时而又不可多得的好书”。

该书出版之后，高尚全先生在《经济日报》发表书评，题为《对国有企业产权交易的新探索》。另一位著名经济学家、北京大学厉以宁教授把该书列入他主编的《企业万有文库》。香港总商会中小企业委员会主席邝家贤律师还将此书作为其系统内的阅读书。一些城市产权交易中心或市场以此书作为培训教材，此书一时之间成为“畅销书”。①

后来，经济日报出版社总编室听说北京大学举办产权交

① 湖北产权市场创始人、武汉光谷联合产权交易所原董事长何亚斌先生写道：“我找遍武汉三镇，终于从武昌民主路书店找到关于产权交易唯一的一本书《产权交易理论与运作》，是南开大学经济研究所副所长常修泽教授写的。这本书我一口气读了3遍。”何亚斌：《湖北产权市场是怎么创建起来的》，载本书编委会主编《产权市场　中国创造》，同济大学出版社，2014。

易培训班，选定此书作为教材，于是提出让我重新修订。1998年，《产权交易理论与运作》（修订版）出版，由此我与国内各地产权交易市场结下“不解之缘”，甚至被热情地称为“产权交易市场第一人”。[①]我反复跟各地产权交易市场的老总们讲：“这本《产权交易理论与运作》只是最一般的理论和运作规范，具体操盘我也不行。千万不要称‘师傅’，更不要说‘产权交易第一人’，拜托各位。”

（四）第四部：瞄准“产权界定”，“桃子”该由谁来“摘”？

在研究和撰写前三部著作的过程中，我遇到了“产权界定”这个绕不过去的问题。本来，按照我的产权经济理论研究系列的内在逻辑体系（产权界定—产权配置—产权交易—产权保护），“产权界定”应该作为第一本著作首先推出，但实际写作却是颠倒的。一则考虑到“资产重组”“产权创新”和“产权交易”的现实迫切性；二则“产权界定”本身具有更复杂的专业性，需要有一个长期探索和积累的过程，因此放在第四部著作中来研究。

在1988年至1998年的系列性产权理论著作研究过程中，我深深感到“产权界定”确实是一个技术性很强的命题，

① “我是读着著名经济学家常修泽教授的《产权交易理论与运作》于1998年来创办湖北产权交易所的，它就是今天蔚为大观的武汉光谷联合产权交易所的前身。常教授的书，从理论到实践，成为我投身产权市场这项创造性事业的实际指南，每有大事可问常。”何亚斌：《不信东风唤不来——我与湖北产权市场十一年》，湖北人民出版社，2009。

"桃子"该由谁来"摘"？涉及各方的利益纠结，尤其是涉及"模糊产权"的历史作用和随后出现的制度弊端。不能简而化之，必须慎重处理。所以，从1994年起我在给南开大学经济研究所研究生讲授"产权经济理论"专业课时，把"产权界定"作为最后一个专题来授课并组织调研和讨论。特别强调，国有企业产权改革必须把好产权界定关：评估要准确，价格要合理。之后在我讲稿的基础上，由我主笔，带领我的研究生李亚、李学峰、唐小东、王宏伟、李柯夫等用3年时间完成了《中国企业产权界定》一书，由南开大学出版社于1998年12月出版。

全书共5篇15章，30万字，从理论和实践的结合上对"产权界定"进行了深入探讨。书中涉及以下6个问题：（1）关于产权界定的基本理论；（2）关于国有企业产权界定；（3）关于乡镇企业产权界定；（4）关于城市集体企业产权界定；（5）关于产权界定中政府与有关经济组织的作用；（6）关于产权界定后的产权经营问题等。在一些深层次问题上我提出了自己的见解和主张。曾在1988年京西宾馆会议上支持《产权市场论》的高尚全先生为该书撰写了序言，其中提到"作者的探索精神给我留下了良好印象"。

十年间出版以上四部产权论著，我虽然换得一个"常产权"的虚名[①]，并与谷书堂、逄锦聚两位教授一起应邀到

① "常产权"的戏称最早出现在1994年9月15日《北方市场导报》的一篇访谈《明晰产权，利益当先》的编者按语中。后来，在北京流传。例如，杨林林在《转型中国——顶级学者访谈》中说，"我听到国内有人沿袭对一些知名经济学家的别号，比如'董体制''萧股市''吴市场'等等这种说法，常修泽在某种程度上，可以叫'常产权'"。

日本一桥大学讲学（我的演讲主题是中国产权制度变革问题），但是，付出的身体代价也是不小的。

《红楼梦》开篇写道："字字看来都是血，十年辛苦不寻常。"虽然这四部著作很难说"字字看来都是血"，但是"十年辛苦不寻常"倒是实实在在的（尤其是身体受损）。写到此处，不由得想起北宋著名词人柳永那句脍炙人口的词句："衣带渐宽终不悔，为伊消得人憔悴。"

悔也，不悔？"憔悴"之人甘苦自知吧。

三 完成由"狭义"到"广义"的过渡，代表作《广义产权论》问世

所谓由"狭"到"广"，是指经多年探索，由"狭义产权论"过渡到"广义产权论"，这是逐步提升、拓展的过程。

（一）内部报告：建议中央"从广义上"把握"产权"内涵

上一节讲述到在20世纪90年代先后主笔出版了四部产权著作，尽管前两部著作获奖，我还被香港《经济导报》评价为"对产权问题素有研究的经济学家"，但从历史的角度看，在上述著作中，我的产权理念尚不是"广义产权论"，书中存在着明显的狭义的产权色彩。只是到了21世纪初，随着实践的进一步开展和认识的深化，才逐步实现由"狭义产

权论”向“广义产权论”的过渡。

过渡的标志，是2003年5月为中共十六届三中全会《中共中央关于完善社会主义市场经济体制若干问题的决定》起草工作所提供的有关产权问题的基础性研究报告。

起因是这样的：2003年春，中共中央决定在2003年10月召开的十六届三中全会讨论《中共中央关于完善社会主义市场经济体制若干问题的决定》，其中拟写一段关于产权制度问题的内容。根据中央起草组的部署，国家发改委责成宏观院提供一份内部基础性研究报告。宏观院把任务交给了我。在宏观院原常务副院长林兆木先生的指导和支持下，我在过去多年积累的基础上，经过几个月研究，完成了关于产权问题的基础性研究报告——《论建立与社会主义市场经济相适应的现代产权制度》，于2003年5月20日上报有关方面。

我在报告中建议中央“从广义上”把握“产权”：第一，在产权定位上，不应局限于狭隘的“企业产权制度”，而应超越企业层面，建议从更高的层次提“现代产权制度”；第二，在产权内涵上，建议包括物权、债权、股权、知识产权，以及劳动力产权和管理产权，“从而使要素产权体系完整化”（其中，“劳动力产权和管理产权”有争议，未采纳）；第三，在产权制度构成中，建议包括产权界定、产权配置、产权交易和产权保护四个制度支柱。

该内部报告于2003年5月上报中央有关部门后，中央起草组有关负责同志在办公室约见我，就产权制度的若干重要问题与我进行切磋，并在起草组内部转述我的意见（中央起草组有关同志还到我家取走《产权交易理论与运作》一书做参考）。

关于此事，我持三点看法：第一，中央当时有此考虑或酝酿；第二，起草组内有“明白人”；第三，学界有多位“不谋而合”者。

中共十六届三中全会通过《中共中央关于完善社会主义市场经济体制若干问题的决定》后，该报告被允许先在《经济决策参考》内部刊登，后以摘要本形式公开发表在国家发改委宏观院《宏观经济研究》2004年第1期，全文在《产权导刊》2004年第2期、第3期连载。

“从广义上”把握“产权”的研究报告发表后，引起产权界讨论，也促使我进一步对其拓展和完善。既包括从横向“领域”和纵向“权能”两个方面进行拓展，也包括对内核“制度”系统的研究加以完善，形成“三线推进”之势。

第一线：横向上，进一步由单一企业产权拓展到“广领域产权”，特别是“天上和地上地下”的资源环境产权和天地之间的人力资本产权。对于前者，2006年至2008年，我相继提出了“资源环境产权三论”，即一论——《资源环境产权制度的缺陷对收入分配的影响及其治理研究》[①]；二论——《再论建立环境产权制度》[②]；三论——《资源环境

① 常修泽：《资源环境产权制度的缺陷对收入分配的影响及其治理研究》，《中国经济导报》2007年5月1日。此文2006年12月31日先发表于国家发改委网站，后在《中国经济导报》刊出。《瞭望》周刊2007年5月14日对此文做了报道。

② 常修泽：《再论建立环境产权制度》，《中国经济时报》2007年7月24日。此文被中国人民大学书报资料中心《生态环境与保护》2007年第10期转载。

产权制度及其在中国的现实启动点》[1]，系统阐述了“广领域产权”思想，其中有新意的是“环境产权”概念的提出。对于后者即人力资本产权，我在2004年长篇访谈录《常修泽：在改革中要让人民群众拥有自己的产权》中，进行了深度探讨。[2]

第二线：进一步由“单边初始所有权”拓展到“多权能”权利体系，包括垄断行业特许经营权、农村土地流转权等。按照“多权能”权利体系，特许经营权交易也是产权交易。这是“破垄”的关键所在。

第三线：内核上，由单项制度拓展到“多向度”制度，即包括产权界定—产权配置—产权交易—产权保护的四位一体的制度体系。

上述“三线”合拢，《广义产权论》“呼之欲出”了。

（二）十年著述，十年过渡：二十年终于把《广义产权论》“磨出”

经过1988年至1998年的“十年著述”和1999年至2009年的“十年过渡”，我的产权理论代表作《广义产权论》于2009年9月由中国经济出版社出版。

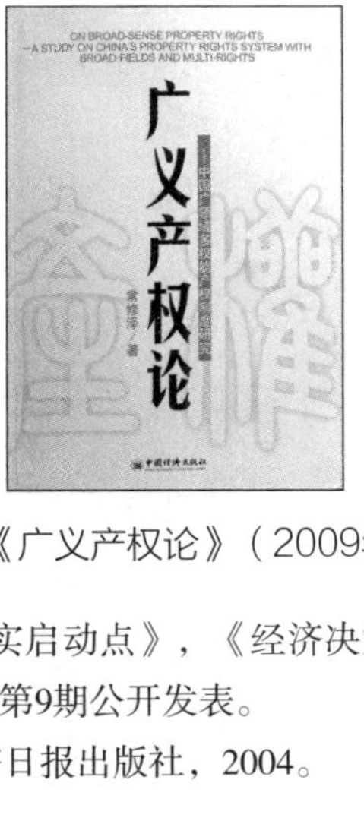

《广义产权论》（2009年）

---

① 常修泽：《资源环境产权制度及其在中国的现实启动点》，《经济决策参考》2008年第19期。此文于《宏观经济管理》2008年第9期公开发表。

② 杨林林：《转型中国——顶级学者访谈》，经济日报出版社，2004。

当我拿到这部43万字沉甸甸的著作时，在中国经济出版社院内（北京西城百万庄），不禁流下热泪。二十年啊，风风雨雨；二十年啊，酸甜苦辣。谁能解得其中滋味?

在书的前言的结语处，我写了一段自己的随感录：

产权的真谛——
在于权利损益的区隔。
哪里有经济权利的受益或受损，
哪里就有产权的凝结或纠葛。
在现代社会中，
产权关系是广阔的、长久的，
相应地——
产权理论也应该是广义的、深邃的。

在书中写下了自己的思考——题记一。

如何破解中国发展和改革的体制难点?
我想提供一个“广义产权”的路径选择：
国民共富绕不开物权股权债权和智权；
社会平衡绕不开劳权和其他人力产权；
打破垄断绕不开垄断行业特许经营权；
农村改革绕不开土地流转权和抵押权；
创新立国绕不开各行各业的技术产权；
永续发展绕不开资源产权和环境产权；
上述种种构成这部《广义产权论》初探。

著作出版之际（2009年），刚刚爆发国际金融危机不久，人们正沉浸在反思中。我也从产权角度进行了反思，在定稿时补写了题记二。

产权——
主体的受益或受损之权。
反思全球性金融危机和环境危机，
我发现：
美国人透支的是家庭资产，
中国人透支的是国民资源
——从人力资源到自然资源到环境资源……
透支资产的困于当前，
透支资源的危及长远，
为寻求有未来、有尊严的发展，
本书尝试着探索广义产权。

本着“广义产权论”思路，在结构上，该书安排7篇17章。

第一篇是总论篇，开宗明义地论述了“广义产权论”的三大要义（下文专门阐述）。

第二篇，运用以往的研究成果，梳理和再现自己关于“广义产权论”的探索历程。

第三至六篇，分别阐述了产权界定制度、产权配置制度、产权交易制度和产权保护制度，旨在形成一个比较完备的产权制度体系内部所蕴含的制度支撑。

第七篇是结论篇，重点揭示和论述广义产权对改革发展的制度效应。

（三）“广义产权论”的三大要义

该书理论上的突出进展是突破了“狭义产权论”，系统阐述了关于“广义产权论”的三大要义：广领域、多权能、四联动。

1. 第一要义——“广领域”产权

“广领域”产权，广到哪里？一是广到天上，即“环境产权”（如碳排放权）；二是广到地上地下，如各类自然资源（包括水资源、土地资源、草原资源、森林资源、矿产资源、海洋资源等）资产产权；三是广到天地之间的“人”身上，如各种人力资本产权（包括知识产权、劳动力产权、管理产权[①]等），这里有不少是无形财产权。基于此，在《转型中国——顶级学者访谈》中对我的访谈录《常修泽：在改革中要让人民群众拥有自己的产权》，申明此处讲的产权，不仅包括经济物品的权利，而且包括各种人力资本产权，比如包括技术产权、管理产权以及劳动力产权等。[②]

① 管理产权，中央文件有时称之为“企业家产权”，就其实质而言，二者是一致的。鉴于并非所有的管理者都可称为企业家，还是称“管理产权”较好。

② 这篇访谈录被人批判为“主张把国有资产量化到个人”，实在莫名其妙。杨林林：《转型中国——顶级学者访谈》，经济日报出版社，2004。

广到天，广到地，广到人——这就形成一种大气磅礴的“天地人产权论”。此为“广领域”。[①]

2. 第二要义——“多权能”产权

《广义产权论》从每一类产权的内在结构进行分析，强调：完备的产权总是一组权利，或称“权利体系”——以所有权为基础的各种行为性权利的总和。形象地说，产权不是“一朵花”，而是“一束花”，是一个产权体系，里面有多种权利。按此逻辑，在产权的界定、配置、交易和保护上，只注重所有权是远远不够的，产权体系“一束花”里面的“各种花”都应该顾及。

比如土地产权。改革开放后，规定中国农村土地归集体所有（所有权），但在所有权大前提下，在广大农村，七八亿农民拥有属于自己家庭的十三四亿亩土地承包权（也是产权），其中有的土地应按照“三权分置”的方略，实行承包权的经营权流转[②]。为适应“三权分置”的客观需要，国内不少地方成立了土地承包经营权流转服务中心、土地托管中心、土地代管所等土地产权市场。同时，全国农民还有两亿亩左右的宅基地产权（这个宅基地产权也是“三权分置”：

① 常修泽：《天地人产权论——当代人的发展多维产权探讨》，《上海大学学报》2011年第3期。

② 我在产权界作的学术报告曾提出土地制度“三代三权说”，即：毛泽东实行土地制度改革讲“一权”（土地最终所有权分给农民）；邓小平实行土地制度改革讲“两权”（所有权归集体，承包权归农户）；习近平实行土地制度改革讲“三权”（所有权、承包权、经营权，三权分置）。常修泽：《“产权市场构想”提出30年与下一步发展思路》，《产权导刊》2019年第7期。

一为所有权归集体；二为农户拥有宅基地“资格权”；三为宅基地“使用权”可以流转。“三权”都是财产权利）。此外，还有相当数量的集体建设用地使用权等。对于上述这些土地产权，都应该予以确认。

3. 第三要义——“四联动”产权

一是产权界定制度：回答产权体系中的诸种权利的归属界定问题，这是产权制度的基础。二是产权配置制度：优化各类法人和自然人产权在特定范围内的置放、配比及组合，这是产权制度的核心。三是产权流转制度：通过一定程序的产权运作而获得产权收益，这是产权制度的灵性。四是产权保护制度：这是建立现代产权制度的保障。“四制度联动”形成一套完整的体系。

（四）《广义产权论》出版后的反响

《广义产权论》出版后，在新闻出版界引起了反响。2011年1月24日出版的《人民论坛》杂志公布，经读者投票和专家遴选，“广义产权论”被列为2010年度经济类十大理论观点之一。作为《广义产权论》核心观点的《天地人产权论——当代人的发展多维产权探讨》，在《上海大学学报》2011年第3期发表后，《新华文摘》当年第17期全文转载。

《广义产权论》在理论界特别是产权界也引起了反响。中国社会科学院学部委员、经济研究所前所长张卓元先生在《人民日报》理论版撰文指出：这是我国产权研究领域的一项带有拓展性的成果。第一，立足点高，视野开阔，使这本著作具有一定的战略思维。第二，观点新颖，该书突破“狭义产权论”，提出并系统阐述了关于“广义产权论”的三点基本要义，这样一种产权理论是有独到见解的。第三，应用性强，为中国下一阶段发展模式的转型从广义产权角度提供了有力的理论支撑。①

产权界专业刊物《产权导刊》编辑部前主任卢栎仁先生以《创立“广义产权论”的常修泽教授》为题，对《广义产权论》给予评价。②

在获得肯定性评价的同时，也有学者认为《广义产权论》提出“天上的环境产权有些异想天开”“三点基本要义内容过于宽泛”等。这些商榷性意见促使我冷静思考问题。

在受到理论界关注的同时，《广义产权论》也引起经济决策和实践部门的重视。我应国家发改委体改司和国家发改委环资司邀请，分别为“十二五”体改战略研讨会和环资司全体工作人员作《广义产权论》的报告。原国家体改委副主任高尚全先生在《中国经济时报》发表文章，一是肯定《广义产权论》“从世界和中国的大局入手研究产权问题”；二是肯定该书“理论上有突破：系统提出广义产权理论”；三是肯定对国家制定发展规划具有较强的应用价值。③

① 张卓元：《〈广义产权论——中国广领域多权能产权制度研究〉简介》，《人民日报》2010年4月2日。

② 卢栎仁：《创立“广义产权论”的常修泽教授》，《产权导刊》2010年第10期。

③ 高尚全：《一部带有开创性的产权理论著作》，《中国经济时报》2010年11月27日。

鉴于此书的影响，2015年9月22日在北京举行的纪念国家发改委经济研究所成立40周年会议总结[①]中指出：“常修泽建议中央突破‘企业产权’的外壳，从‘广义’提出‘现代产权制度’，引起了十六届三中全会报告《中共中央关于完善社会主义市场经济体制若干问题的决定》起草组重视。”总结报告把《广义产权论》列为“国家发改委经济研究所40年发展史学术成就之一”。

四　寻求产权与人本的“耦合”：两论《产权人本共进论》

（一）2010年：一论《产权人本共进论》

读者或许知道，我并不是一个单向度的产权经济学者，我的产权理论研究是与人本经济学紧密结合在一起，共融并进的。所以，在过去20多年积累的基础上，于2008年和2009年相继出版《人本体制论》和《广义产权论》之后，2010年顺理成章地出版了《产权人本共进论》[②]。

这是一部用新的思维研究改革的著作，被收入《中国改革智库资政丛书》，由中国友谊出版公司于2010年3月

① 会议总结由中央财经领导小组办公室原主任、国家发改委原副主任兼宏观院院长朱之鑫先生所作。

② 常修泽：《产权人本共进论——常修泽谈国有制改革》，中国友谊出版公司，2010。

出版。

该书有两个题记：

题记一：

老子论道，
既讲“抱阳”，
又讲“负阴”；
斯密论经济，
既有《国富论》，
又有《情操论》。
笔者论改革，
一则讲“产”，
一则讲“人”。
产——《广义产权论》；
人——《人本体制论》。
如何熔“两论”于一炉，
用之于中国创新实践？
本书尝试提出：“产权人本共进论。”

题记二：

在集权体制下——
“产”死了，
企业进入黄昏；
人也“死”了，

主人变成“工具”。
在社会转型中——
“产”开始复活，
“人”也开始复活，
但，旧的奴化、新的物化，
尚未走出黄昏。

时代呼唤——
激活“产”，
激活“人”，
告别黄昏，
走向黎明。

《产权人本共进论》的框架，可概括为“一个基础”“两个顶层”“四个支柱”。

“一个基础”，指以“产权人本共进论”作为理论基础。尝试突破单向度的“物本”改革思路，而把“产权”和“人本”两条线融合起来作为该书的理论基础。

“两个顶层”，是在对前30年国有制改革评估的基础上，对新阶段国有制改革的战略做出了“双顶层”设计。顶层设计之一：“产权”制度方面的设计，包括产权界定制度、产权配置制度、产权交易制度、产权保护制度，重在提高产权运营效益；顶层设计之二：“人本”方面的设计，强调应从多方面促进企业所有人的自由全面发展，特别是针对国企改革的关键问题，重点分析如何实现劳动就业权、财富分配权、社会保障权和民主管理权等。

“四个支柱”，指从操作层面提出新阶段国有制改革的“路线图”。一是“面”上改革——布局调整；二是“点”上改革——微观重塑；三是“线”上改革——国资体制改革；四是配套制度——政府、市场与社会改革。尤其强调“产权”“人本”改到深处涉及政治体制改革。

（二）寻求产权与人本的“耦合”，引出一段新版“关公战秦琼”

《产权人本共进论》的真正学术价值，是在寻求产权与人本的“耦合”。这是经济学界尚未完全破解的命题。

正是基于寻求产权与人本的“耦合”的思想，2003年5月，我在为中共十六届三中全会《中共中央关于完善社会主义市场经济体制若干问题的决定》（以下简称《决定》）起草工作撰写有关产权问题的基础性研究报告——《论建立与社会主义市场经济相适应的现代产权制度》时，建议在产权内涵上，除包括物权、债权、股权、知识产权之外，还应补充劳动力产权和管理产权，强调只有把“劳动力产权”和“管理产权”也纳入产权内涵，才能“使要素产权体系完整化”。[①]虽然理论界对此有争议，但中共十六届三中全会《决定》对此明确保留了进一步探索的空间。因此，在

① 常修泽：《论建立与社会主义市场经济相适应的现代产权制度》，《宏观经济研究》2004年第1期。最初是为《决定》起草工作撰写的内部研究报告，后公开发表。

新阶段国有制改革中，探讨如何体现“产权”“人本”的“协同共进”，具有时代价值。

在我看来，“产权”“人本”不是两个彼此孤立的事物，而是可以融为一体的。前面在阐述《广义产权论》时，曾讲到“天地人产权论”。请注意：这里是指与天地之间的“人”有关的产权命题——“人力资本产权”。2004年，经济日报出版社出版著名记者杨林林女士的《转型中国——顶级学者访谈》一书，其中有一篇两万多字的访谈录，题目为《常修泽：在改革中要让人民群众拥有自己的产权》。此文曾引起争议。我主张“在改革中要让人民群众拥有自己的产权”。这里讲的产权，不仅包括“有形经济物品”（物权、债权、股权等），而且包括人们不熟悉的“非经济物品”产权，特别是包括劳动力产权、管理产权和技术产权在内的“人力资本产权”。

在此袒露一下自己的心境：“人力资本产权”应该是产权与人本的最关键的耦合点，也是最难啃的和麻烦最多的命题。有老学者告诉我，这个问题如能彻底、妥善解决，那应该是理论上的一次跃升。恐怕也可以解决即将面对的“机器人”的经济学问题。

与管理产权和技术产权相比，主要探索点在劳动力产权上。这种“产权”如果是属于劳动者的，那么，有劳动力的劳动者也理所当然是“有产权者”，即“有产者”了；那么，按经典的阶级论逻辑来说，还存在“无产阶级”吗？还能说“全世界无产者联合起来”吗？

我的解释是，在有剥削的阶级社会中，劳动者不仅物质产权被剥夺，而且他本身拥有的劳动力产权也被剥削阶级“剥夺”（或者说被“掠夺”），所以在马克思时代的资本主义社会，劳动者还是“无产者”。社会主义不仅把劳动者创造的物质财富归还给劳动者，而且把劳动力产权也“归还”给劳动者。

过去是双重“被剥夺”，现在是双重“归还劳动者”。从这个意义上说，“劳动力产权”理论与马克思的“全世界无产者联合起来”口号并不矛盾。[①]

这里我试图把“人本”和“产权”两个命题内在地“结合在一起视之”。

说来好笑，围绕这个问题，后来发生过一段新版“关公战秦琼”的故事。

自2004年我在《转型中国——顶级学者访谈》一书中提出“在改革中要让人民群众拥有自己的产权”后，一直坚持这一观点。一年多后，即2005年4月26日，我在《瞭望》周刊发表的《国企改革十大深层思考》里，进一步阐述了这个观点，写道：“要使广大人民群众在改革中拥有自己的产权，而不是从这一方面或那一方面偏离人们产权关系的基本均衡点。”这个论述是有探索性的，即把“广大人民群众在改革中拥有自己的产权”推进到“产权关系的基本均衡点”

① 我们是不是可以这么理解，马克思时代说的“产权”是狭义产权（也就是财产所有权，如物权、债权、股权等），马克思讲的“有产者”“无产者”，是以是否拥有“有形经济物品”的财产权利来划分，所以阶级理论似应在这个范畴里去理解、去推理。现在我们讲的“现代产权理论”是另一理论范畴，是在马克思主义指导下的现代经济理论，有一定的时代性和探索性。

理论层面，留有探索空间。

未承想，此观点不被理解，甚至闹了个“被误打”。

那是“2006年第一场雪”时，有人发表文章，引了这句“要使广大人民群众在改革中拥有自己的产权，而不是从这一方面或那一方面偏离人们产权关系的基本均衡点”后，批判说，这“就是要把国有产权量化到个人”，是“闪烁其词地端出了私有化方案”。

此时，我感到很憋屈，也很茫然，无处与人倾诉，只好向天诉说：在我的论述中，何处讲过“要把国有产权量化到个人”？我讲的“社会主义不仅把劳动者创造的物质财富归还给劳动者，而且把劳动力产权也归还给劳动者”，怎么就是“闪烁其词地端出了私有化方案”？……当初，我曾把“劳动力产权”读给东北长白山区的林业工人听，工人师傅听了很开心，现在为什么有人不开心？

如同相声说的“关公战秦琼”一般。

还是回到本题，并进一步往深处讨论：

我认为，人力产权的凸显与新经济时代的来临及其引起的产权关系新变化有关。在以知识为基础、以智力为资源的社会，人力资源将成为第一资源、第一资本和第一财富，它将带来产权关系的重大变革，从物力产权到人力产权的演变将呈加速运行趋势。

至于人力产权是否能超越或消融物力产权，以及人力产权承载者是否能在企业中集人力产权与物力产权于一身，尚需观察和研究，研究透彻之后，或许写一本《人力资本：第一资本论》。

（三）再论“共进”：“产权第一重点”与“人本中心”如何协调?

中共十九大报告提出，“以完善产权制度”作为经济体制改革的第一个“重点”；同时，多次出现“不断促进人的全面发展”和“人民中心论”的提法，并围绕这一“根本”，指出要“激发和保护企业家精神”，要“建设知识型、技能型、创新型劳动大军，弘扬劳模精神和工匠精神”，等等。这就意味着，新阶段经济体制改革，一则要讲“产”——“产权重点论”，二则要讲“人”——“促进人的全面发展论”（“人民中心论”）。这就提出一个问题：在新阶段，包括所有制改革在内的经济体制改革，“产”与“人”如何协调？

《所有制改革与创新——中国所有制结构改革40年》（2018年）一书最后一章，即第14章“按‘产权人本共进论’推进新阶段所有制结构改革”，可以视为我8年后再论“产权人本共进论”。

该部分从理论、历史与现实三个维度，阐述了新阶段“产权人本共进”的必然性。（1）理论维度：广义产权与人本的耦合点（如本节前面所述）；（2）历史维度：20世纪90年代的经验与教训；（3）现实维度：“去产能”和处置“僵尸企业”凸显“人”的问题。

此处按“产权线”“人本线”阐述如何共进。（1）“产权线”推进：沿着产权界定、产权配置、产权流转（交易）和产权保护推进。（2）“人本线”推进（上）：激励和保护企业家精神（其组织保障：中国现在代表资方或雇主利益的有中企联、企业家协会，代表民企利益的有全国工商联等）；“人本线”推进（下）：劳动者就业、收入及其“劳权实现”（劳权实现也要有组织保障，中国现在代表劳工利益的工会，难以与代表资方的组织平等对话，唯有形成相互制衡机制，方能协调好劳资矛盾，使之各得其所、互利双赢）。

该书此处有理论深度的是，创建人力产权制度的两个着力点：第一点是“确立人力产权所有者的主体地位”[①]；第二点是寻求将人力资本转化为企业资本的有效通道。写到此处，我觉得把“产权”与“人本”两个命题初步“耦合”在一起了。

回想2004年，杨林林女士在《转型中国——顶级学者访谈》中写的那篇两万多字访谈录《常修泽：在改革中要让人民群众拥有自己的产权》的最后一节，标题为“产权—利益—人”[②]，杨林林女士似乎把我的“产权人本共进”的内在联系看明白了。这，或许就是她敢于旗帜鲜明地在标题上写“在改革中要让人民群众拥有自己的产权”的“底气”吧。

---

① 我之所以力主把“劳动力产权”纳入“广义产权论”中，正是基于这样一种认识：计划经济从根本上否定劳动者作为“劳动力产权”的主体按自己的贡献参与分配的权利；在社会主义市场经济体制下，“劳动力产权”所有者应成为自主的、活的“要素”，自己来“按贡献”参与分配的主体，而不应是被别人当作“要素”（工具），由别人“按要素分配”的对象。“要素按”与“按要素”是不同的两个理念。常修泽：《人本体制论——中国人的发展及体制安排研究》，中国经济出版社，2008，第73页。

② 杨林林：《转型中国——顶级学者访谈》，经济日报出版社，2004，第276—277页。

五 内部上报两篇研究报告：保护产权与保护企业家

我在南开大学经济研究所讲课时，曾跟学生说，“理论工作者要用理论的方式为国家服务”。没想到，做了近40年的产权理论研究，在2016年和2017年，我的两篇关于保护产权与保护企业家的内部报告，以“学术报国”之心，尽了一份心力。

（一）内部报告1：保护产权

由于自己研究方向的缘故，我对“产权在中国”的命运十分关注。中共十八大之后，我在实践中感觉到，经过30多年的改革开放，随着现代产权制度的推进，应该说，产权保护的法律体系是不断完善的，实践中产权保护的力度也是有所加大的，但是，也存在一些问题。

我在2016年对国内经济发展走势的调查分析中发现问题日趋凸显。进入2016年以来，我国民营企业的投资出现严重下滑的现象，这曾引起有识之士的关注和高度警觉。遗憾的是，似乎并没有引起有关方面和整个社会的关注。民间资本对内投资的大幅下滑，原因固然很多，但有一条无论如何不可否认，那就是与民营企业在国内缺乏产权保护的安全感有一定的关系。

与此同时，我的一些朋友，如曾在南开大学进修过的华旗集团创始人霍洪敏女士、云南昆明企业界牛彦先生等，也反映民营企业产权受到损害的情况。这些都引起我的关注。

2016年6月24日，在应邀参加湖南省委召开的“湖南决策咨询·非公经济发展”座谈会上，我根据自己的实际调研结果提出了“产权保护”的问题，同时盼望高层尽快出台保护产权的文件。

实际上，对此问题高层和有关方面一直是高度关注的。据我所知，2016年初，国家发改委体改司就已酝酿研究，后根据领导指示起草《关于完善产权保护制度依法保护产权的意见》（以下简称《意见》）。2016年8月12日，我收到国家发改委的来函，随函发来这份《意见》的送审稿，并约我从产权学者的角度撰写一篇“有自己看法的内部文稿”（可能还请了其他专家，因单线联系，具体何人不知），特别注明“由于文件尚未提请审议和出台，请务必做好保密工作”。可见，这份《意见》的酝酿研究是在保密状态下扎扎实实进行的。

根据国家发改委的来函，我从2016年8月12日开始，挖掘长年积累的材料，展开有针对性的研究，于8月25日前后完成《关于完善产权保护制度》的内部报告。

此内部报告，属于自己的观点有三：

第一，扩展“产权”内涵。建议突破“狭义产权”，按“广义产权”写，即不仅包括经济领域人们熟悉的物权、债权、股权等，而且包括跨经济领域、社会领域、文化领域、环境资源领域的各种产权——包括知识产权、各种人力资本产权以及自然资源资产产权等（在此用上了我在《广义产权论》的观点）。

第二，把保护贯穿在四个制度环节。强调完备的产权制度包括产权界定、产权配置、产权交易和产权保护在内的一套完整的体系。因此完善产权保护制度，应该贯穿在产权制度各个环节，强调“系统保护”。

第三，是“宽基石”，不是“窄基石”。完善的产权保护制度，不仅是完善的社会主义市场经济体制的基石（“窄基石”），而且是包括经济、社会、文化和资源环境体制等“各方面形成一整套更加成熟、更加定型的制度”的基石（“宽基石”）。我在报告中强调，如果没有一套完善的产权保护制度，邓小平同志说的中国“各方面”一整套更加成熟、更加定型的制度就难以建立起来。

研究报告完成后，通过国家发改委的“内网”提交有关方面。后来从新闻中看到，2016年8月30日，中央全面深化改革领导小组审议通过了《关于完善产权保护制度依法保护产权的意见》。9月2日，新华社发表了国内第一篇关于保护产权意见的报道。

在这篇报道中，直接引用了我在内部报告中的一段话：“‘有恒产者有恒心，无恒产者无恒心。’完善产权保护制度，对于矫正并稳定社会预期，给社会提供‘定心丸’和‘定盘星’具有重要作用。”这里有个明显的标志，此前官方一直使用“稳定社会预期”这个用语，而“矫正”一词是我特意加上并强调的。

10月底，在中国（海南）改革发展研究院（以下简称中改院）举办的第81次中国改革国际论坛上，我以《完善产权保护制度之我见》为题作了学术发言。11月11日，《人民日报》理论版《大家手笔》专栏发表了我的《以公平为核心完善产权保护制度》一文。

半个多月后，2016年11月27日，新华社受权全文公布了中共中央、国务院《关于完善产权保护制度依法保护产权的意见》的正式文件。当天晚上，中央电视台新闻节目播发了对我的访谈。12月8日，《经济参考报》以《完善产权保护制度是社会发展的基石》为题，用近整版的篇幅刊发了该报理论部主任田如柱先生对我的访谈录。

继之，《战略与管理》杂志在2016年第6辑“产权保护专辑”卷首加“编者按”，发表了长篇论文《“广义产权论”三大要义与产权保护制度》。“编者按”指出：“常修泽教授在产权领域钻研多年，从上世纪80年代发表自己的第一篇‘产权’论文起，30年来勤力笔耕，在产权理论与实践研究方面进行了艰辛探索，……耗费了大量的心血。在本辑中，常教授以‘广义产权论’的三大要义为理论依据，就产权保护制度的内在机理作了细致分析。产权保护制度的‘经’是好‘经’，关键是如何把它念好，真正落到实处。”

那好，就让我们一起念好“产权经”，并把它“真正落到实处”吧。

（二）内部报告2：激发和保护企业家精神

本章第一节最后一段提到，1988年在《企业创新论》一文中，我曾提出了一个命题——我国企业普遍存在“创新萎缩症”，文中剖析了“创新萎缩症”的根源。“根源”在哪？其中之一，在传统体制下，“不存在真正的企业家。企业的领导人是由上级行政部门委派的，其使命是承担完成生产计划的组织工作。因此，企业创新活动缺乏强有力的承担者和推动者”。[①]

“为了健全企业的创新机制，应当自觉地培育企业家阶层，切实为这一阶层的形成和发展开拓道路。为此，一要确立企业家在企业中的‘中心’地位；二要保护企业家从事经营劳动所取得的合法收入；三要提高企业家自身的水平和素质，特别要注意把第一流的人才吸引到企业家队伍中来。”[②]这是32年前的话，现在读起来依然感到亲切。

又过了6年即1994年，我在国家哲学社会科学重点科研项目成果《现代企业创新论——中国企业制度创新研究》中，进一步展开分析“培育企业家阶层”“尊重并鼓励企业家创新精神”的命题。书中专门设置了“企业创新主体分析”一章，指出：“为了健全企业的创新机制，应当自觉地培育企业家阶层，切实地为这一阶层的形成和发展开拓

① 常修泽、戈晓宇：《企业创新论》，《经济研究》1989年第2期。

② 同上。

道路。”①

多年过去，企业家阶层作为参与市场经济活动的主体已经在中国出现，企业家精神作为改革开放精神的重要组成部分也在一定程度上受到“尊重并鼓励”。但同时，由于现实生活中种种原因，在培育企业家阶层方面仍存在不少矛盾。

根据自己的调查，主要有八大问题，如：对企业家阶层的社会尊重度不高；产权保护不到位；“一碗水没端平”；政商关系和内部关系未理顺；缺乏社会容错和自我纠错“双机制”；等等。这些矛盾致使部分企业家的“预期”和“信心”出现问题，企业家“出走”现象比较严重。②

“内部报告2”与海南有缘。2016年10月底，我在海南参加中改院举办的第82次中国改革国际论坛后，便留在海南专家公寓读书写书。12月初，接到国家发改委电话，要我在一个月内提交一篇关于保护企业家的报告（估计还请了其他专家，因单线联系，具体何人不知）。当时我在海南，未带相关资料。着急之时，一个故事发生了：中改院信息传媒有限公司总经理朱冠宇同志告诉我，他们信息资料库里存有我的《现代企业创新论——中国企业制度创新研究》，并热情地帮忙把其中第15章“企业创新主体分析”扫描出来，救了急。

① 常修泽等：《现代企业创新论——中国企业制度创新研究》，天津人民出版社，1994，第497页。

② 后来得到准确的数据，美国2016财政年度政府共签发9974张EB-5（一种投资移民签证），其中7515张发给了来自中国的申请者，占75.35%，其中有一部分就是企业家。（据《财经》杂志2017年3月8日资料）

在此基础上，结合我了解的新情况，经过一个月的努力，于2017年1月10日向国家发改委提交了《关于激发和保护企业家精神的七点意见》的内部研究报告。

研究报告提出了如下七点意见：

（1）对于企业家内涵，建议既要尊重又不必拘泥于熊彼特标准，可结合中国国情“中外贯通”：要坚持“创新”为第一条（这是本质条件），同时增加“义利”（义字当头，正确义利观）等。

（2）坚持问题导向。建议正视影响企业家“预期”和“信心”的突出矛盾和问题。根据我的调查研究，主要是前述八大问题，针对此寻求解决办法。

（3）建议从五个方面保护企业家合法权益：一是企业家的物权、债权、股权等基础性财产权；二是创新专利权；三是其他创新收益；四是特别注意“人力资本产权”；五是自主经营合法权利。

（4）重申我提出的国有与民营都该看成共和国的“亲儿子”[①]这一观点。建议紧紧抓住“两平一同”这个核心，来创造公平竞争的环境。

（5）塑造新型政商关系，建议在“亲”“清”关系中补充“辅”“扶”的内容。一要“辅”不要“主”，对企业经济活动不应搞“政府主导”；二要“扶”不要“弗”，建立“帮扶机制”，不要袖手旁观。

（6）建立企业经理人员市场化选拔任用机制和企业法

① 常修泽：《国有与民营都该看成共和国的“亲儿子”》，《北京青年报》2013年11月22日。在拙著《包容性改革论》中此观点曾得到系统论述。

人治理结构，妥善处理企业内部几个重大关系，包括与党组织关系和与职工的关系等。

（7）建立社会容错与企业家自我纠错、净化“双机制”，“社会越容错，自己越应自觉”。从内外两个方面促进企业家队伍健康成长。

内部报告于2017年1月10日上报后，我意犹未尽。于是在此基础上，趁热打铁，用几个月时间，完成了一篇近两万字的论文《企业家阶层新论》，在2017年5月《上海大学学报》第3期发表。2017年7月3日，《人民日报》理论版《大家手笔》专栏刊发了《激发和保护企业家精神》一文。

中共十九大召开前夕，即2017年9月25日，《中共中央 国务院关于营造企业家健康成长环境 弘扬优秀企业家精神 更好发挥企业家作用的意见》公布。这是中央首次以专门文件明确企业家精神的地位和价值。第二天，中国改革论坛网将我在1月10日提交的内部报告《关于激发和保护企业家精神的七点意见》“予以公开，供研究参考”。

该内部报告在中国改革论坛网公开后，引起社会各方面关注。9月29日，新华社《经济参考报》以近整版的篇幅转载上述报告，并加了如下编者按：“9月25日，《中共中央 国务院关于营造企业家健康成长环境 弘扬优秀企业家精神 更好发挥企业家作用的意见》全文公布。经济学家、中国宏观经济研究院教授常修泽认为，这样一份重要的文件，在十九大召开前夕这样一个重要的时间节点公布，意义非常重大。去年12月，常修泽接到国家发改委布置的任务，于今年1月10日提交了题为《关于激发和保护企业家精神的七点意见》的内部报告。常修泽的报告，对于理解这份重要文件具有一定的参考价值。征得作者同意，本报特刊出报告全文（标题为编者所改），希望能对读者有所启发。”[①]

（三）两篇内部报告引来新华社三次内部谈话

关于“保护产权”与“保护企业家”的两篇内部报告刊发后，引起新华社总社有关部门的重视。2016年12月11日、2017年3月1日、2017年5月3日，新华社有关部门连续三次约我就中国全面改革问题单独内部座谈。

第一次3个小时、第二次3个小时、第三次4个小时，全程录音。后整理成文，上报有关方面内部参阅。

新华社朋友问得深，也问得“狠”。根据有关规定，这三次新华社内部谈话的内容及使用等不便披露，请读者鉴谅。

六　产权研究四十年：“广义产权论”的“葡萄”熟了吗？

20世纪80年代，我在南开大学从事研究并担任天津中青年经济学会会长期间，曾被选为天津市青联常委。此时，著名女中音歌唱家关牧村也在此组。她的那首《吐鲁番的葡萄

① 常修泽：《中国当代企业家肩负着历史的重任》，《经济参考报》2017年9月29日。

熟了》至今令我难忘。不由得想到，产权研究四十年：广义产权理论的“葡萄”熟了吗？

（一）探讨产权结构改革：《混合所有制经济新论》出版

《混合所有制经济新论》一书之所以称为“新论”，是相对于过去的论著而言的。

早在1988年，我和南开大学经济研究所同事周立群合写了一篇文章《十年来经济理论的突破与创新》，专列了“混合经济”一节，写道：“在实践中，多元化的混合或融合，成为所有制结构变动的一个明显趋势。”“企业的所有制性质越来越不‘纯一’，派生或衍化出一些新的所有制形式，这就大大地冲击了原有的所有制结构，形成了多元并存、相互交融的新局面。”①这是我第一次触及“混合经济”的研究问题，但这只是一篇述评。作为个人立论，则是在20世纪90年代初期以后。大体经历五波：

第一波，在起于1989年的“产权经济理论研究系列”的《资产重组：中国企业兼并研究》（1992年）一书中，开始探讨这一问题，但在命题上没有使用“混合所有制经济”或“混合所有制企业”这一范畴。只用了“产权混合”，是探索的开始。

第二波，2003年正式发表《发展混合所有制经济：完善

① 常修泽、周立群：《十年来经济理论的突破与创新》，《理论与现代化》1989年第1期。

市场经济体制新课题》，以“混合所有制经济”完整命题探讨问题。

第三波，2013年8月，在《给三中全会全面改革方案的四点框架性意见》（内部报告）中，建议将“混合所有制经济”写入十八届三中全会决定中。

第四波，2013年10月十八届三中全会召开前，在《包容性改革论》一书中设置三节论述混合所有制经济，尤其提出“包容性经济体制的基础：混合所有制经济”。

第五波，十八届三中全会作出决定后，在2014年3月第3期《学术前沿》发表《混合所有制经济的价值再发现与实现路径》。

在上述五波探索的基础上，2015年我开始撰写《混合所有制经济新论》，该书先后被列为国家“十三五”出版规划重点图书和国家出版基金项目。开始时是我个人独著，因2016年春接受《复兴之路——中国改革开放40年回顾与展望丛书》编委会关于撰写《所有制改革与创新——中国所有制结构改革40年》的任务，于是改为四人（还有文宗瑜研究员、高明华教授、李亚博士）合著，后安徽人民出版社要求在中共十九大召开之前出第一版，又再次扩编（孔泾源先生、张丽娜女士、邓志雄先生、刘泉红研究员、王龙先生、戴保民博士和陈忠庆博士加盟），最后集体完成这部著作，于2017年9月（中共十九大召开前一个月）由安徽人民出版社出版。

全书分总论篇、国企混改篇、民企混合篇、实现机制与治理篇，共15章40余万字（其中我自己写了4章10余万字，并统纂全书）。

题记如下：

如果说，
社会主义与市场经济的结合，
是当代经济学的“皇冠”；
那么，
混合所有制经济，
则是这项“皇冠”上的“明珠”。

为什么说混合所有制经济是社会主义与市场经济结合这项“皇冠”上的“明珠”？对于这颗“明珠”，从理论上应该把握哪些基本认知？在中国改革和现代化发展中，中国人民能够获取这颗“明珠”吗？特别是在未来新阶段的改革中，如何保证这颗“明珠”不致“变形”或者“失色”？这是时代提出的重大命题。这本书对混合所有制经济的若干基本问题进行阐述。

而要对这些基本问题进行阐述的难度是相当之大的。原因在于社会认知的“分裂”：虽然占据主流的声音认同“混合所有制经济是基本经济制度的重要实现形式”，但是，也有另外两种截然对立但都否定混合所有制经济的观点，一种观点认为，搞混合所有制经济是稀释和削弱国有经济，是“动摇国本”，搞所谓“全盘私有化”；另一种观点则认为，搞混合所有制经济是“框住民营经济”，搞“新的公私合营运动”，是“试图恢复国有经济的一统天下”等。

人们认知上如此“分裂”，如此“对立”，且“对立”得如此尖锐，超出了我的想象。在书的导论中，我写道：

这不禁使人想到了鲁迅先生论《红楼梦》的一句话：“《红楼梦》……单是命意，就因读者的眼光而有种种：经学家看见《易》，道学家看见淫，才子看见缠绵，革命家看见排满，流言家看见宫闱秘事……”①

在《混合所有制经济新论》这部专著中，我做了总体分析：在中国1259万多家（2005年）不同类型的企业法人单位中，存在着一个“三层楼”的产权结构。上层是企业个数约占2%的国有独资或控股企业（约20万家大小法人单位），下层是占80%的大中小型私人企业（或私人控股混合企业），中间是约占18%的其他各种混合企业。这样，中国经济就分成三个明显的板块：上面是国有资本，下面是私人资本，中间是各种混合经济。

国有资本这块，虽然企业个数比重很小，但体量很大，经营性资本加金融性资本净值约88万亿元，如果加上行政性国有资产和资源性资产的可估值、可交易部分则为500多万亿元，这被国际上视为“强大的国家资本”。私人资本这块，虽然企业个数比重很高，但体量并不占优势（估计不超过100万亿元）。基于此，下一步应以“扩展中间”为基础，向上下两个层面推进，发展混合所有制经济。这是中国

① 常修泽等：《混合所有制经济新论》，安徽人民出版社，2017，第6页。

所有制结构改革的重点所在。[①]

该书出版后，新华社和央广网予以报道和评价，称："该书不拘泥于传统的和国外流行的已有所有制模式，而是从中国新阶段的实际出发，对基本经济制度2.0版的实现形式——混合所有制经济进行了开拓性的探讨。""书中界定了混合所有制经济'两个层次、一个多元'的准确内涵，提出了'异质产权多元化是主旋律，同质产权多元化是协奏曲'的观点。书中对发展混合所有制经济的实施战略、政策空间、行动策略以及运作方法等也做了深入阐述，具有很强的可操作性。该书力求将中国特色社会主义之'特'与人类命运共同体之'共'有机结合，构建比较独特的混合所有制经济的理论体系。"[②]

该书也引起理论界的高度关注。2018年10月该书导论《中国混合所有制经济论纲》在《学术界》发表，中国社会科学网和中国人民大学报刊复印资料先后全文转载。中国社会科学院学部委员张卓元先生在《人民日报》理论版发表书评，认为该书"基调把握较准，理论观点较新"，是一部"系统研究混合所有制经济的新作"。[③]

---

① 此书出版一年后，从2018年中美贸易摩擦及其对体制的牵扯来看，这个问题更为重要。

② 刘思琪、卢昌杰、李芳：《〈混合所有制经济新论〉出版发行》，2017年12月12日，http：//www.rmlt.com.cn./2017/1212/505750.shtml.

③ 张卓元：《新书评介：系统研究混合所有制经济的新作——〈混合所有制经济新论〉简评》，《人民日报》2018年5月16日。

（二）《所有制改革与创新》一书在改革四十年问世

2018年是中国改革开放40周年。2016年初，中改院与广东经济出版社开始策划出版一套《复兴之路——中国改革开放40年回顾与展望丛书》。该丛书是“十三五”国家重点图书出版规划项目学术著作之一，也是被列入中宣部纪念改革开放40年系列著作之一。

当时我正在海南中改院专家公寓从事研究和写作，按照专业特长，编辑委员会责成我负责《中国所有制结构改革40年》一书。

写作开始后，围绕书名，发生过有趣的故事。考虑到中国改革40年“所有制改革的核心实则是产权”的历史事实和未来中国经济改革应该“以产权改革为重点”的期望，我提出书名为《产权改革与创新》，但未通过。

讨论中，有关方面的朋友帮我思考，先后提出三个书名：第一个是《国民共进》，指国有经济和民营经济共进，符合我的观点，但是“国民”二字容易与“国民财富”中的“国民”（“人民”）相混淆；第二个是《共同发展》，情况类似——指公有经济和非公有经济共同发展，也符合我的观点，但没有主语；第三个是《两个毫不动摇》，这是政策宣传，与学术著作大相径庭。最后，我提出还是叫《所有制改革与创新》吧，虽然与副标题有点重复，但比较庄重典雅，获得通过。

经过我和研究团队（常欣、文宗瑜、俞建国、陈永杰、李大伟、高明华、刘小玄）的共同努力，在40年研究积累的基础上，历经两年多写作、修改，五易其稿，《所有制改革与创新——中国所有制结构改革40年》于2018年4月23日世界读书日问世。

我在该书前言[①]指出："这是一部力图用战略理性思维研究所有制结构改革40年的学术著作。"

这里指出，"起于1978年中共十一届三中全会之后的中国所有制结构改革，是中国也是当代世界所有制结构变迁史上的一个创举。它既不拘泥于传统的或称'经典的'单一国家所有制结构模式，也不拘泥于当代某些发达国家现存的所有制结构模式，而是用中国人的世界观和方法论，对当代一种新的所有制结构的探求"。[②]

前言实事求是地介绍说，本书是一部尝试性地对中国40年所有制结构改革与创新的总结之作，也是一部尝试性地对当前改革现实的审视和对未来改革的探索之作。最后一句："如能在研究中国40年所有制结构改革创新问题上，作一些理论性的探索工作，不至于在历史上像流星一样闪过，我也就心满意足了。"[③]

该书第一版问世后，新华社5月3日刊发了该书前言和目录，《经济参考报》也予以转发。据广东经济出版社反馈，

① 前言曾请奚广庆先生阅读并吸收其意见。

② 常修泽、常欣、文宗瑜等：《所有制改革与创新——中国所有制结构改革40年》，广东经济出版社，2018，"前言"第1页。

③ 同上书，"前言"第2页。

《所有制改革与创新——中国所有制结构改革40年》一书作为专业性的学术理论著作，受到读者的广泛关注，发行量居该套丛书第二名[①]。

（三）央视《中国经济大讲堂》讲“产权”：台上四十分钟，台下四十年功

从2018年5月21日开始，中央主流媒体开始启动“庆祝改革开放40周年”系列活动。与此新形势适应，中央电视台财经频道《中国经济大讲堂》组织系列讲座，其中6月7日至7月5日推出一组讲座，共五位学者参与，各讲一个专题：迟福林讲消费，贾康讲财政，曹远征讲金融，张燕生讲中国制造。经他们研究，决定让我讲产权，题为《新阶段，如何完善产权制度》，并且作为这一组的第一讲。

该讲座于5月9日录制完成，6月7日正式播出。虽然播出只有40分钟，但我把它看成对自己40年研究的检阅，为此做了充分准备，要求展现“三个自己”：

第一，自己的理论。演讲中，讲了自己的“广义产权论”，特别是把产权拓展到“天、地、人”；强调产权不是“一朵花”，而是“一束花”；讲了中国技术创新的障碍在于“知识产权界定”的缺失；等等。

第二，自己的实践（案例）。演讲中所举的多个案

① 总论《伟大的历程——中国改革开放40年实录》为第一名。2018年底，该套丛书入选中央组织部“第四届全国党员教育培训教材展示交流活动获奖教材”。

例——包括某博士后的新技术作价，某省只有10%的专利转化率，某油田的“三产”产权模糊，某城市早点部的“国有国营”，东北7000家国企亏损52亿元，北京的“包子铺”混改，华为的员工持股，以及某地2万棵五味子树的产权价值评估风波等，都是自己调研所得，有理有据“接地气”。

第三，自己的语言。整个演讲力求通俗易懂、生动活泼。本来我就是从老百姓中来，就要让老百姓都能听得明白，而且要有思想、有哲理，以便使人理解得更透。

播出当晚，反响比较强烈，一时间手机被“打”爆。转天，《中国经济大讲堂》制片人柴哲宏先生和导演马宁女士来电反馈，“昨天您的节目收视率非常高”，并发来各相关栏目收视率统计表。作为一个理论性的经济节目能获得如此收视率也算可以了。殊不知，如梨园行的老话：“台上10分钟，台下10年功。”不过，这里可能要乘以4：台上40分钟，台下40年功。这是对我40年产权理论研究的检阅。

广义产权理论研究的“葡萄”熟了吗？如本章所述，从1979年起，我从事产权理论研究已有40年，其中《广义产权论》（2009年）也已出版10年。以今天的眼光看，虽然做了一些探索，但是，理论体系的“葡萄”还不够成熟，包括对天上的环境产权的奥妙揭示不够，尤其是在人力资本产权方面仍有诸多困惑：将来人力资本产权会被消灭吗？还有“劳动力产权”虽然已经提出，但如何实现呢？这些方面阐述还有欠缺。

所以，几年来，尽管有单位和朋友催促我申报有关奖项，我都一律婉言谢绝。还是如关牧村在《吐鲁番的葡萄熟了》所唱：

精心培育这绿色的小苗，
引来雪水把它浇灌，
搭起那藤架让阳光照耀，
葡萄根儿扎根在沃土，
长长蔓儿在心头缠绕。

好！那就让《广义产权论》这根长长的“蔓儿”，久久地在我心头缠绕吧！

本章思考与沟通

写完这一章，继续思考几个问题，愿与读者进行心灵沟通：

1. “在改革中要让人民群众拥有自己的产权”，我在此处讲的产权，不仅包括经济物品的权利，而且包括各种人力资本产权，如技术产权、管理产权以及劳动力产权等。我认为，“在可预见的将来，在以知识为基础的社会里面，人力资本将成为三个‘第一’：第一资源、第一资本、第一财富”。这种提法是否可以成立？“新的人力资本拥有者，包括企业家、技术创新者以及各类工匠等。如同足球运动员一样，也都有自己的‘身价’。”“到某一天，人力资本的总价值终究将会超过物力资本的总价值。”现在的问题是，究竟如何测定这些人力资本拥有者的“身价”？这是个世界性的难题。读者朋友能否帮助解决这一难题？

2. 与此相关的，在社会主义市场经济条件下，劳动力产权究竟如何界定？如何与管理产权一样能够量化并实行期股或期权？这种期股或期权与按劳分配的报酬如何处理？

3. 如何看待把握中国未来的所有制格局？我在《所有制改革与创新——中国所有制结构改革40年》一书尝试提出了两个系列："经济流量指标"与"资产存量指标"。从"经济流量指标"看，中国民营经济相关贡献已经分别占到五、六、七、八、九成，可以说，民营经济已经占主要部分；而从"资产存量指标"看，全部国有资产（经营性、行政性、金融性、资源性）与民营资产总值之比大约为5∶1，国有资产仍然占大头。但是，随着民营经济进一步发展，在"资产存量指标"中，国有资产与民营资产总值之比将发生何种变化？这种变化，应该给予何种理论说明？

叁

“人”：《人本体制论》，为人的自由发展立心

40年间，我探讨的第二个理论是“人本经济论”，即人本经济学理论。

人类经济活动的终极目的是什么？经济学的最高境界在哪里？这既属于经济哲学问题，也属于经济学自身体系的核心命题。从20世纪80年代中期（1986年）开始，我对此进行了力所能及的探究。在研究中，逐步形成了自己的人本经济学观。

2011年，我曾对撰写《20世纪中国知名科学家学术成就概览（经济学卷）》中常修泽篇的宋立（时任国家发改委经济研究所所长、研究员，现为国务院研究室国际金融司司长）说，如果把经济发展比作“高山”，那么，人的发展就是“高山”上的“主峰”；如果把经济发展比作“皇冠”，那么，人的发展就是“皇冠”上的“宝石”。

之所以在40年里执着探讨“广义产权论”“人本经济论”和“全面转型论”，我追求的是什么呢？从根本上说，是为了促进“每个人的自由全面发展”。提请读者注意：我的“人本经济论”是以人为目的，而不是以人为手段，这与某些工具论相比是不同的。三部曲中，“山高人为峰”，我视为最高境界，也是初衷之所在。

一 第一个十年：从“人本经济学”课题申请到“人本高于资本”的提出

（一）1986年：提出“建立社会主义人本经济学”课题申请

本书第一章第二节的“第二次破格”里曾写道，“1986年向高等学校青年社科基金提交‘建立社会主义人本经济学’的课题申请报告”。有朋友问：为什么在课题申请报告中提出建立“社会主义人本经济学”的主张？我说，基于三方面因素。

1. 实践感受

20世纪60年代初，在家乡亲历“大饥荒”，直接的影响是改变了我正常的求学轨道；深层的影响，是在一个15岁的少年心灵深处打下了一个“人”的“生存权”和“求学权”的烙印。虽然当时我并未意识到，但今天看来，实质上是埋下了“为人的发展而立心”的原始冲动。这种原始动能，指向了“人在经济发展中的地位”问题，推动我日后把经济学的研究与人的发展联系起来。

但在改革开放初期，我还是限于经济学层面的思考，并没有上升到经济哲学层面。触发我深入的，是随后哲学界一场关于社会主义人道主义的大讨论。

2. 理论启发

1983年2月底（即莫干山会议举办的前一年），在厦门曾举行了一场“纪念马克思逝世100周年暨全国《资本论》学术讨论会”，我当时有幸参加会议（这是我晋升讲师后第一次参加全国性学术会议）。会议过后10多天，1983年3月13日，中共中央在京举行“纪念马克思逝世100周年大会”。会上，胡耀邦同志作了《马克思主义伟大真理的光芒照耀我们前进》的报告①。在此前5天，周扬在《人民日报》第1版发表了《关于马克思主义的几个理论问题的探讨》②，此文明确提出要发展马克思主义的人道主义，并讨论了社会主义条件下出现“异化”的问题。

我很关注周扬的文章中关于社会主义人道主义及其命运问题。不久国内就发生了关于“人”的问题讨论。时任中国社会科学院副院长汝信先生拿出早先的文章，指出：“共产主义者是最彻底的人道主义者……要为人类创造一个更适宜于人生活的新世界……”③这引起我的极大兴趣和关注。

为了探究问题的真谛，我此时阅读了一些中外学者有关“人”的著作，包括：中国古代的著作，如《管子》；马克思、恩格斯的著作，如《马克思恩格斯论人性、人道主义和

① 胡耀邦：《马克思主义伟大真理的光芒照耀我们前进》，载《十二大以来重要文献选编（上）》，人民出版社，1986，第291—316页。

② 周扬：《关于马克思主义的几个理论问题的探讨》，《人民日报》1983年3月8日。

③ 汝信：《人道主义就是修正主义吗？——对人道主义的再认识》，《人民日报》1980年8月15日。

异化》[1]；其他西方学者的著作，如当时刚刚翻译出版的20世纪最重要的哲学家之一恩斯特·卡西尔的《人论》[2]；等等。

从马克思所宣示的“每个人的自由全面发展”，到卡西尔阐述的“人不断解放自身的历程”，都给我留下深刻印象。特别是恩格斯在去世的前一年（1894年）给《新纪元》创刊号的题词——摘录《共产党宣言》中的“每个人的自由全面发展是一切人的自由全面发展的条件”[3]这一句话，更引发我深深思索：马克思主义的道理千头万绪，恩格斯为什么唯独摘录马克思“每个人的自由全面发展”这句话？而且，恩格斯特意申明，除了摘出这句话以外，“我再也找不出合适的了”。恩格斯的这句题词可以说是打开我心灵的一把钥匙。

就在我关注并阅读有关“人”的著作不久后，1986年11月，学校组织向国家教委高等学校青年社科基金项目申报课题。受恩格斯这句题词的启发，我想申报“人本经济学”的课题，于是同老师商量。

3. 老师指导

第一位，谷书堂老师。他告诉我，按照历史唯物主义

① 中国人民大学：《马克思恩格斯论人性、人道主义和异化》，人民出版社，1984。

② 恩斯特·卡西尔：《人论》，甘阳译，上海译文出版社，1985。

③ 马克思、恩格斯：《共产党宣言》，载《马克思恩格斯选集》第1卷，人民出版社，1995，第273页。

观，“人”是整个活动的主体。“过去我们把苏联政治经济学教科书当作学习榜样，结果使我们走了弯路，让人民吃了苦头。”①

第二位，夏康达老师。他告诉我：“老师钱谷融先生曾在20世纪60年代提出‘文学就是人学’，供你参考。”

第三位，向忘年交徐振方老师谈心路历程并获支持②。他说，在西北、西南地区一些不适于人类居住的地方，仍号召人们就地“战天斗地”，是不符合人性的。他还开玩笑地说：“100多年前，马克思有部《资本论》，现在应该有部《人本论》。”

谷书堂、夏康达、徐振方三位老师的支持，使我坚定了申请“人本经济学”课题的决心。

迄今我仍然保存着提交的高等学校青年社科基金项目关于“人本经济学”的课题申请书的底稿原件。包括两部分：一是人本经济学课题申请及论证；二是人本经济学课题申请

---

① 这个观点谷书堂老师多次讲过。柳欣、常修泽主编《不平坦的治学路——谷书堂学术经历与学术思想述评》，山西经济出版社，2014，第111页。

② 徐振方先生是我的老师和直接领导，也是山东老乡。1929年生于山东省潍县（今山东省潍坊市）辛庄，1948年考入华东大学，1949年随大军南下支前，后到地方工作。1956年考入南开大学经济系政治经济学专业，后转为经济系教师。在劳动力个人所有制、政治经济学研究对象，特别是中国社会发展阶段等方面他都有深入研究。1962年6月30日徐先生以“一个党员　徐振方”的名义，上书“敬爱的毛主席并中央”，建议“提过渡时期”，后被河北省委工作组列为运动重点，继之被开除党籍、打成反革命……“文革”中被关“牛棚”，遭受种种厄运。1979年中共十一届三中全会后获得平反。后调入南开大学经济研究所，担任社会主义经济理论研究室主任，我随后任副主任，协助他工作。在多年的共事中，两人成为忘年之交。

立项说明。两部分内容实录如下：

［专栏1］人本经济学课题申请及论证

高等学校哲学社会科学青年科研基金申请书

申请日期：1986年11月

课题名称：社会主义人本经济学

申请经费：4000元。其中：1987年1000元，1988年2000元，1989年1000元

申请者：常修泽　职称：讲师　年龄：41　专业：社会主义经济理论

课题组人员：总数3人，教授0、副教授 0、讲师2人，助教、博士生和硕士生1人

课题论证（包括本项目研究概况和发展趋势、本项目基本内容、研究本项目的实际意义和理论意义、预计突破哪些难题）

这个课题，非主观之臆想，而是历史和时代赋予的一项重要理论任务。

传统的社会主义经济理论，由于受斯大林非人本主义思想的影响，没有把实现人的全面而自由的发展作为其理论体系的基本原则，严重忽视了人在社会主义经济中的主体地位及其价值实现，缺乏对社会主义经济发展的内在动力更深层次的开掘，因而，在相当大的程度上抑制了人的积极性的发挥，这是社会主义国家经济生活普遍缺乏活力和效率的重要原因。基于这种认识，我们想提出“社会主义人本经济论”，并打算在此基础上尝试建立社会主义人本经济学。

[专栏2]人本经济学课题申请立项说明

立项说明

我认为，尊重人的价值，挖掘人的潜力，促进人的自由全面发展，才是社会主义经济的根本，也是社会主义经济和资本主义经济的主要区别之点。基于这一认识，我想探索社会主义人本经济理论，并在此基础上，尝试建立人本经济学。

人本经济学拟以马克思主义为指导，从当代世界各国社会主义的经济实践出发，以人为中心，深入分析社会主义经济的运动过程，探索人与社会主义经济发展的内在联系及其规律，揭示社会主义劳动者的主体性。内容大体包括：

（1）人的第一次解放；

（2）社会主义制度下人的生存、发展和享乐需要；

（3）人的物质利益及其构成；

（4）人在社会主义生产过程中的地位；

（5）人的价值的实现；

（6）人与生产资料的最佳结合；

（7）人的素质要素及其提高；

（8）人的积极性的发挥及人的自由全面发展；

等等。

以上为建立"社会主义人本经济学"的初步构想——课题申请报告要点。虽此课题申报未能如愿通过，但课题论证和申请立项说明表明，当时关于"人本经济论"的核心观点在我的研究中初步萌生。

（二）1988年：由《企业创新论》切入，触及“人”的问题

遗憾的是，由于种种原因，上述课题申请未获立项，但研究人本经济学的信念并没有动摇。在正面推进未果的情况下，为使此观点得到推进和深化，我只好选择新的切入点。经比较，切入点选在企业创新方面，试图从企业创新中寻找“人”的位置，这就是在1988年完成的《企业创新论》。

在这篇论文中，我提出了一个命题——“企业创新萎缩症”，并剖析了根源。文中指出“企业创新萎缩症”的关键是“人”的问题：在传统体制下，“并不存在真正的企业家。企业的领导人是由上级行政部门委派的，其使命是承担完成生产计划的组织工作。”“因此，企业创新活动缺乏强有力的承担者和推动者。”“为了健全企业的创新机制，应当自觉地培育企业家阶层，切实为这一阶层的形成和发展开拓道路。”①这里已经触及作为微观经济主体企业的核心——“人”的问题，但尚未挖掘到深层的“人本”与“资本”的关系。

（三）1992年：《市场经济的发展意味着将使人获得一次新的解放》

进入20世纪90年代，从研究人的发展与市场经济关系开

① 常修泽、戈晓宇：《企业创新论》，《经济研究》1989年第2期。

始，进入“人本”与“资本”关系的探讨。

1992年，邓小平同志发表南方谈话。继之，中共十四大明确提出把建立社会主义市场经济体制作为经济体制改革的目标。在此背景下，《南开经济研究》组织“关于市场经济的笔谈”。谈什么？当时社会上普遍从资源配置角度阐述市场经济。我按“社会主义人本经济论”的观点，选了“人的发展”的角度，即从市场经济与人的发展的关系来谈，文章题为《市场经济的发展意味着将使人获得一次新的解放》。

［专栏3］市场经济的发展意味着将使人获得一次新的解放

文章一开始指出：“现在束缚和抑制人的积极性、创造性的主要问题有三：（1）由行政运行造成的各种公开的和变相的行政依附（包括人身依附）；（2）由非市场关系造成的机会不均等、地位不均等甚至种种特权；（3）人的思想与行为的封闭、狭隘。”

接着提出，“市场经济的发展将有利于冲击这三大障碍。”

为什么？

文中提出了三条根据：“（1）市场经济中的活动主体具有独立性，主体间不存在依附关系，你是你，我是我，每个商品生产经营者都是独立的经济实体。（2）市场经济具有平等性，当事人之间结成一种平等关系，交换中地位平等、机会平等，并实行等价交换原则。（3）市场经济具有开放性，市场活动是面向社会又依赖于社会的，它要求破除人为的分割和封锁，使人走向开放。”

最后，文章得出结论："从这一角度来研究市场经济，可以说它是人的解放和全面发展的必由之路。"

在这里，我阐述的"人本经济论"与社会主义市场经济理论挂上了钩，而且成为后者的支撑点之一。[①]

没想到，这篇文章后来引起连锁反应：先是被光明日报社《文摘报》[②]和上海解放日报社《报刊文摘》转载，而后在社会上引起重视，并牵出下面一段故事。

（四）1993年：与《坎坷十四年》两位作家成"知音"

未曾料到的是，关于"人的解放与社会主义市场经济关系"的观点，被两位年轻的作家看到，并加以阐释。

1993年10月的某一天，收到陕西青年学者宋立[③]给我寄来的一个纸包。打开一看，里面是一本书，书名《坎坷十四年——中国改革回顾与展望》（以下简称《坎坷十四年》），作者是苏娅、贾鲁生。他们的报告文学我是看过的，但与他们未曾谋面。

《坎坷十四年》是一部回顾总结中国改革十四年的作

① 教育部社会科学司原司长奚广庆教授称此观点"为社会主义市场经济皇冠装上一颗'人的解放'的璀璨宝石"。这是对我的鼓励，实不敢当。

② 常修泽：《市场经济的发展意味着将使人获得一次新的解放》，《文摘报》1992年12月13日。

③ 宋立同志1997年从西北大学博士毕业后，由我推荐引进到国家发改委经济研究所工作，后逐级升任研究所所长，2017年调任国务院研究室国际金融司司长。

品，其中第三章题为“第三次解放”，第一节为“灵魂解放了，欢庆就失去了意义”。原文摘录如下：

［专栏4］第三次解放是人的灵魂的解放

1949年10月1日，中国人引为自豪的第一次解放到来了。这一次，是推倒了“三座大山”（帝国主义、封建主义和官僚资本主义）而站起来的。

1976年10月6日，中国人民摆脱了“四人帮”专制，获得第二次解放。为此，人们喝了酒，放了鞭炮。

第三次解放应该从市场经济得到认可算起。日子确定为哪一天？是邓小平南方视察，还是十四大，对历史学家来说也许是重要的，然而正在走向灵魂自由的人民暂时还顾不上这个问题。人民正吃力地为自己解身上的“三根绳索”呢——

第一根绳索是“由行政运行造成的各种公开的和变相的行政依附（包括人身依附）”；

第二根绳索是“由非市场关系造成的机会不均等、地位不均等甚至种种特权”；

第三根绳索是“人的思想与行为的封闭、狭隘”。

南开大学教授常修泽确实是一位有独立见解的学者。

独立见解！

凭良心说，对于我们的学者和理论家来说，这是最不容易做到的。在某种意义上，这四个字是时代的最高荣誉。国家真应该建议设立一项“独立见解奖”！

常修泽痛切指出：计划经济把人变成物。而市场经济的独立性、平等性和开放性，把物回归为人。

那个时代是叫你干啥就干啥的时代。不能讲条件，不能计报酬。不能有独立的人格，也不能用自己的脑袋独立思索问题。

所以，我们可以说，市场经济得到执政党的认可，是中国人的第三次解放。如果说前两次解放主要是人身的解放，那么第三次解放则是人的灵魂的解放。①

又过了16年，2009年9月8日《光明日报》发表一篇署名石文艳的学术综述——《关于“人的发展经济学”研究的三个阶段》，把《市场经济的发展意味着将使人获得一次新的解放》列为“人的发展经济学”研究第一阶段（1983—1992年）“有代表性的”的观点之一。②

（五）1996年：正式提出“人本高于资本”

《坎坷十四年》的作者苏娅和贾鲁生说“往前走”。怎么走？我陷入了深深的思考。

当时（1992—1994年），我正在从事国家“八五”重点项目“中国企业制度创新研究”的课题研究。在对“决定社会主义公有制经济中组织创新和组织形式、制度演进的东西

① 苏娅、贾鲁生：《坎坷十四年——中国改革回顾与展望》，中原农民出版社，1993，第43—44页。

② 石文艳：《关于“人的发展经济学”研究的三个阶段》，《光明日报》2009年9月8日。

是两组既矛盾、又统一的原则”[①]比较研究中，开始感到：同“权力本位”一样，“资本本位”也是一条通往奴役人的道路。“权力本位”“资本本位”都是与我探索的“社会主义人本经济学”格格不入的。需要研究与探索解决人类经济发展这一难题。

1994年，在完成的国家重点项目成果《现代企业创新论》中，曾对比了“资本（效率）原则”和“人本原则”。

“一组是效率原则。”“兰格始终把提高资源配置效率作为模型设计的最高指导原则；霍瓦特突出了效率最大化原则对组织安排的重要性；诺夫多次从效率出发，从生产的技术性质、规模经济、成本效益分析中去建立具体组织的基础。”[②]

“另一组是人本原则。”“作为与效率那一组原则同样重要并与之相统一的组织选择依据。强烈批判在资本主义制度下劳动的异化”。[③]

书中引述了锡克的一句话：“人在生产中应当不再只是获取利润的工具，而是：生产本身应当成为直接满足人的非经济需要和自我实现的工具。”“在新的社会主义企业组织中，从下到上的组织设计均要体现（这一）原则”。[④]

转年（1995年）9月到北京后，《经济日报》理论部就我

---

① 常修泽：《现代企业创新论——中国企业制度创新研究》，天津人民出版社，1994，第131页。

② 同上。

③ 同上。

④ 同上。

从事这项研究的心路历程进行访谈。在《积极推进企业制度创新——南开大学经济学教授常修泽访谈录》中，我提出了“人本原则高于资本（效率）原则”的思想。[①]

［专栏5］“人本”高于“资本”

“在社会主义公有制经济中，我认为，应当遵循‘资本’原则和‘人本’原则这两条基本原则。”但是“人本原则……这是比效率原则（资本原则）更为深层的原则”。[②]访谈文章特别点出：“近年来，有些企业提出‘以人为本’的思想，是很深刻、很精辟的。在企业组织制度设计时应能很好地体现这种‘人本’原则。”[③]

“人本高于资本”的提出，可以说是“人本经济学”思想的升华，成为后来代表作《人本体制论》的思想根基之一。

① 常修泽：《积极推进企业制度创新——南开大学经济学教授常修泽访谈录》，《经济日报》1996年1月8日。

② 在社会主义制度下，如何对待资本是一个严肃的问题。“资本原则”无疑是一个重要原则，但重视资本不能演变为“跪求资本”和“放纵资本”——不论是民间资本还是国有资本。

③ 常修泽：《积极推进企业制度创新——南开大学经济学教授常修泽访谈录》，《经济日报》1996年1月8日。

二 第二个十年：从“初露端倪”到“人发论纲”

（一）1998年：改革二十年的“另类”总结《独立的人格力量和自主的经济力量初露端倪》

1998年，正值改革20周年之际，韩志国、樊纲、刘伟、李扬四位经济学家合作主编一部纪念改革20年的文集——《中国改革与发展的制度效应》，并约我写一篇思想性文章。

按照我的“人本经济论”观点，我写道：中国改革开放20年的成绩，绝不限于经济总量的大幅度增长或“翻几番”，也不限于中国进出口总额和外汇储备的大幅增加，甚至不限于中国经济在世界竞争力排行榜上位次的上升，这些无疑都是重要的，但是我更看重的，在于人的自身发展及其在现代发展体系中核心作用的初步发挥。

正是基于这种思想，在为《中国改革与发展的制度效应》撰稿时，我以《独立的人格力量和自主的经济力量初露端倪》为题，阐述了我对“中国改革与人的解放关系”的认知。

［专栏6］独立的人格力量和自主的经济力量初露端倪

“中国在改革之前实行的是高度集权的计划经济体制。这种集权体制的弊端，最根本的一条‘是消磨人性’，是对人的自由发展的否定！”

“党的十一届三中全会开辟了解放生产力、解放生产关系，同时也解放人的自身的新纪元。”

“可以这样说，在向现代化迈进的过程中，中国人民尤其是其中的先进部分，开始以独立的人格力量和自主的经济力量登上中国经济舞台。”

“回顾20年的历程，最突出的，我认为就是独立的人格力量和自主的经济力量在中国大地的崛起。尽管这种力量还很幼小，还只是‘初见端倪’，但是它的生命力和影响力是不可估量的。”①

这个观点表明，改革开放与发展社会主义市场经济，在现代中国，确实把人的解放与发展推进到一个新的境地。

（二）21世纪前夕：提出“超限制的新人”命题

1999年，在进入21世纪前夕，当时的国务院体改办司长、青年经济学家范恒山等汇编出版了一部文集——《别无选择——北京青年经济学家谈当前经济改革》（中国经济出版社，1999年），收录了我的一篇论文《中国企业创新探讨》。此文原载《经济改革与发展》1998年第9期，被《新华文摘》1998年第12期全文转载。②

此文专门分析了“企业创新活动主体的‘个性化’趋

① 常修泽：《独立的人格力量和自主的经济力量初露端倪》，载韩志国、樊纲、刘伟、李扬主编《中国改革与发展的制度效应》，经济科学出版社，1998。

② 此论文发表时题为《二十一世纪初期中国企业创新探讨》，被收入文集时对原标题做了修改。

势”。文中提出：“无论是企业经营层还是员工，都开始以一种独立的人格力量崛起于经济舞台，这是中国改革开放取得的最突出的成就之一。展望21世纪，可以预计，人力资本在公司资产中的比重将显著提高（甚至会超过50%）。而更重要的是，这里的人力资本，不同于传统的非个性化的人力资本。”文中提出一个新命题：“新技术革命的兴起，不仅推动着经济和社会的发展，同时也在重塑人的自身。”看来，市场经济的发展和人的自身的发展，是一个相互促动和相得益彰的过程。这是需要认识和遵循的一条规律。

文中指出，伴随着信息经济的推进，在美国等发达国家，一代“新人”开始出现。按照美国学者的分析，这种“新人”有如下几个特点：（1）是“新的技术力量创造出来的新人”；（2）这批新人“是技术专家，是商人，又是艺术家”；（3）他们“喜欢新概念、新思想、新的思维方式，喜欢变革，喜欢破除传统的东西”；（4）他们“不喜欢等级制，认为等级、职务头衔是限制性的，已经过时”。①

这里有趣的是在这批新人所体现的“无限制”特点背后所隐含的思想。据专家称，新华社把英文cosmic译成“无限制”是可以的，但按我的理解，此词译为“超限制”即超越旧的条条框框限制，则更好。

“总之，它反映了信息革命所重塑的一代新人的基本特点，就是更富独立性和开放性。在21世纪，中国向信息时代的过渡也会使千千万万个企业的创新主体——从经营者到劳

① 戴维·布鲁克斯：《无限制资本家》，《参考消息》1997年7月31日。

动者得到重塑，他们将更加自由、更加平等、更加开放，这就意味着人格将获得新的解放。”①

“超限制的新人”即“超越旧的条条框框限制的新人”的提出，是我研究人的发展的一个新收获。此后在2000年，新华社组织专家到云南昆明盘房公司考察，我系统地阐述了“超限制的新人”的观点，引起云南昆明企业界牛彦先生重视，由此我和他成为学术知己。

一个启示：人本经济学应该也可以成为认识和遵循社会主义市场经济发展规律，进而推动人的自由全面发展的一种理论，值得为之花费心血。

（三）2001年：建议中央“把人的发展作为一个独立的、完整的指导性理念来提出”

基于上述“人本高于资本”（1996年）的理论观点和对“超限制的新人”（1998年）的理解，2001年，在为中共十六大提供的专题研究报告《中国建立社会主义市场经济体制进程的基本判断和改革新阶段的战略思考》中，我针对“中国经济体制改革到底应围绕着什么‘轴心’展开”这一问题，明确提出四点看法。

---

① 常修泽：《中国企业创新探讨》，载范恒山等主编《别无选择——北京青年经济学家谈当前经济改革》，中国经济出版社，1999，第349页。

［专栏7］把人的发展作为一个独立的、完整的指导性理念来提出

（1）中国经济体制改革，既要注重先进生产力的解放和发展，也要注重人自身的解放和发展；

（2）推进由“计划人”向“自主人”的转变是中国体制改革的核心；

（3）前20年的改革，我们还没有把人的发展作为一个独立的、完整的指导性理念来提出；

（4）下一步要从促进人自身发展的角度来研究体制创新问题。[①]

该报告于2001年以内部报告形式通过国家计委上报中央有关部门，表达了自己希望“把人的发展作为一个独立的、完整的指导性理念来提出”的意愿，至于是否或在多大程度上为有关方面提供了理论参考，本人不得而知。本人知道的是，这一理论受到经济学界的重视，吴敬琏先生主编的《改革》杂志2002年第4期头条全文发表该研究报告。《共享中国——高端专家访谈》一书以《常修泽：每个人的自由全面发展都关乎社会进步》为题，系统表达了我的“把人的发展作为一个独立的、完整的指导性理念”的思想。[②]

① 常修泽：《中国建立社会主义市场经济体制进程的基本判断和改革新阶段的战略思考》，《改革》2002年第4期。

② 杨林林：《共享中国——高端专家访谈》，经济日报出版社，2007，第361—401页。

（四）2008年发表《论当代中国人的自身发展问题》及《当代“人”的发展问题论纲》：与“人发学界”结缘

建议中央“把人的发展作为一个独立的、完整的指导性理念来提出”之后，又经过几年探讨，完成了一篇系统探讨“人的发展”问题的论文——《论当代中国人的自身发展问题》，此文先在国家发改委经济研究所内部刊物《经济决策参考》2008年第1期（1月7日）刊出并上报，后在《经济学动态》2008年第5期公开发表。

由于《经济学动态》的影响力，这篇论文引起经济学界重视，其中有两位学者迅速与我联系。一位是南京师范大学的许崇正教授，一位是《改革与战略》杂志主编巫文强先生。后者专门在《改革与战略》杂志开辟了《人的发展经济学》专栏，探讨“人的发展”问题。2008年5月，接到两位学者来函，他们希望我能参与人的发展经济学研究并支持《改革与战略》杂志《人的发展经济学》专栏。于是，我在《经济学动态》发表的文章基础上进一步补充修订，在《改革与战略》杂志《人的发展经济学》专栏刊载带有纲要式的《当代“人”的发展问题论纲》[①]。

此文进一步阐述了我对当代“人”的发展问题若干基本看法。

① 常修泽：《当代“人”的发展问题论纲》，《改革与战略》2008年第8期。

[专栏8]《当代“人”的发展问题论纲》要点

(1)追求“每个人的自由全面发展”是马克思主义的精华。

(2)由注重“物”到注重“人”是当代世界人类文明发展的基本价值取向,也是“社会主义市场经济体制模式”的题中应有之义。

(3)从主体和客体两方面分析,注重人的发展是历史唯物论的基本原理,而不是什么“历史唯心论”。

(4)在确定“人”作为现代发展体系的核心之后,中国应力求避免“人本工具论”,而应秉持“人本实质论”,并由“低端人本”向“高端人本”升华。

(5)中国改革开放以来,突出的成效是人的主体性的释放和发挥。尽管释放的能量还较小,但是它是具有旺盛生命力的。

文章对中国的“第二次革命”促进人自身发展的内在机制、成效及问题做了分析,并就在新的历史阶段如何进一步促进人的自身发展提出五点方略。

2008年在《经济学动态》发表的《论当代中国人的自身发展问题》及此后的补充版本《当代“人”的发展问题论纲》,使我与人的发展经济学界结下缘分,也成了人本经济学研究的第一部专著——《人本体制论》的前奏曲。

三　二十二年磨出这把剑：《人本体制论》出版（2008年）

（一）“剑”在改革开放三十年“亮出”

真是“好事多磨”。

从1986年提出“建立社会主义人本经济学”起，经1990年从《企业创新论》切入寻找“人”的位置—1992年提出“市场经济的发展意味着将使人获得一次新的解放”—1993年《坎坷十四年》听到“知音者”的声音—1996年明确提出“人本高于资本”理念—1998年对改革20年的另一种总结：《独立的人格力量和自主的经济力量初露端倪》—世纪之交迎接一代“超限制的新人”—2001年建议中央“把人的发展作为一个独立的、完整的指导性理念来提出”—2008年《经济学动态》发表《论当代中国人的自身发展问题》，直到2008年12月，前前后后跨越了22个年头，人本经济学的第一部专著——《人本体制论》由中国经济出版社出版。

《人本体制论》（2008年）

古人说，“十年磨一剑”。算起来，《人本体制论》前前后后“磨”了22年。当然，这22年不只是研究“人本论”，还同时探索“产权论”和“转型论”，三部曲是三线推进的，即使如此，《人本体制论》耗费的时间和精力，也是比较多的。

在《人本体制论》一书写有题记：

在传统的计划经济模式下，
人的主体性被集权所压制；
在原教旨的市场经济模式下，
人的主体性被金钱所浸蚀；
至于在未来某个虚拟世界的体制下，
人性会不会被过度纵欲而扭曲，尚不得而知；
我现在最想探求的是
在21世纪的中国，
如何建立无愧于人自身解放和发展的新体制。[①]

《人本体制论》一书包括7篇21章（前言和附录除外）。第一篇导论，当代中国人的发展：理论与现实；第二篇，“人本体制论”的探索历程；第三篇，人本体制创新的总体构思和战略提升；第四篇，人文价值取向的政府转型；第五篇，人的主体性与企业制度创新；第六篇，人本导向的社会体制安排；第七篇结论篇，中国经济体制改革30年：人的发展角度研究。书后附有访谈录《每个人的自由全面发展都关乎社会的进步》（节选）。

① 常修泽：《人本体制论——中国人的发展及体制安排研究》，中国经济出版社，2008。

（二）《人本体制论》的尝试：马、中、西“三合一”

在长期的研究中，我逐步形成了马、中、西“三合一”[①]的大思路，《人本体制论》是一个尝试。

1. “马”

首先指出，促进“每个人的自由全面发展”是马克思主义的精华。在阐述新社会的本质要求时，马克思明确指出，新社会是“实现人的自由全面发展”的社会，在这一社会中人们可以“在最无愧于和最适合于他们的人类本性的条件下来进行这种物质变换”。[②]“在那里，每个人的自由全面发展是一切人的自由全面发展的条件。”[③]这是马克思主义关于未来新社会本质的精辟思想。我在书中指出：“在我国现阶段，虽然我们还不能完全做到‘实现’人的‘自由的全面发展’，还不可能达到‘最无愧于’和‘最适合于’的境界，但是，‘促进’人的全面发展则是我们担负的历史使命。”[④]

① 当然，不是如某食用油广告说的那样1：1：1，而是以“马”为主的“三合一”。

② 马克思：《资本论》第3卷，载《马克思恩格斯全集》第25卷，人民出版社，1974，第924—927页。

③ 恩格斯：《致卡内帕》，载《马克思恩格斯全集》第39卷，人民出版社，1974，第189页。

④ 常修泽：《人本体制论——中国人的发展及体制安排研究》，中国经济出版社，2008，第6页。

2. “中”

早在春秋时期，管仲就提出了“以人为本”的思想：“夫霸王之所始也，以人为本，本理则国固，本乱则国危。”我在书中分析道，管仲提出“本理”与“国固”、“本乱”与“国危”之间的内在联系是相当深刻的，而且实施“本理”的政策，客观上对老百姓也带来好处。但是，他的“以人为本”，是站在执政者的角度为其“本治”“霸业”服务的，我把此称为“人本工具论”。坦率地说，经济学界对古代中国人的人本经济思想研究很不够。老子在《道德经》第八十章曾讲了生民所期待的“甘其食，美其服，安其居，乐其俗（业）”[①]之境界；司马迁在《史记·货殖列传》中引用此句，并进一步阐述道：“故待农而食之，虞而出之，工而成之，商而通之。”尽管我当年写作《人本体制论》时只知“老子四句”而不知“司马迁四句”，但不谋而合，表明“人本经济观”是深深植根于中国大地的，当代人需要努力开掘，守正出新。

3. “西”

书中指出，关注人的自身发展是当代世界人类文明发展的基本理念。书中引述了西方一些具有人文主义思想的学者的论述。例如，古雷特（Goulet）在1971年出版的《痛苦的抉择：发展理论的新概念》中提出的发展的核心价值

① 老子：《道德经》，吉林文史出版社，2004，第373页。

和基本要素三个方面——“生存”“自尊”“自由”；佩鲁（Perroux）在《新发展观》中主张应把“人的全面发展”作为发展的根本目标与核心价值取向；阿马蒂亚·森（Amartya Sen）在《以自由看待发展》中提出发展的本质在于扩展人的可行能力，即人们过自己认为有价值的生活、做自己想要做的事情，以及实现自己想要达到的状态的能力；等等。特别值得关注的是，我从欧洲企业调查中所了解到的“环安健”机制和ISO企业质量管理标准，已经将体现“人权”的一些指标，如环境保护、安全保护、工资福利、劳动时间等写入正式版本。这意味着人文关怀已经渗透到企业层面。这是当代世界人类文明发展的总体趋势，值得借鉴。中国欲构建“人类命运共同体”，应当把握住“现代文明世界”和早先“丛林世界”的区别。

按照上述观点，不仅创建人本经济学，而且在更大范围创建“特共一体”的政治经济学，都必须从这三个方面进行全面而深入的探讨。

（三）《人本体制论》的几个核心观点

《人本体制论》有哪些核心观点？它的理论逻辑是什么？该书简介中是这样说的：该书以“人本实质论”为核心范畴，以“双线均衡”理论为贯穿性线索，以“人的三层含义论”为分析出发点，着力揭示当代中国“三个解放”之间的内在联系和互动过程，在此基础上，阐述中国未来人的发展及制度安排的理论架构。

为了方便读者记忆，简单归纳为以下五个要点：

1. 一个核心范畴——人本实质论

书中剖析了两种不同性质的“以人为本”：一种是侧重于从执政者“统治”角度出发的，称之为“人本工具论”；另一种是从“人”自身出发，实质在于人的自身解放和每个人的自由全面发展。

书中引用了一段重要文献。马克思和恩格斯在《德意志意识形态》中讲到“人”的“解放”时，马克思特意在旁边加了边注：“哲学的和真正的解放。”“一般人。唯一者。个人。”[①]这里马克思把“真正的解放”落到“一般人。唯一者。个人”根基之上，值得深思。我称之为“人本实质论”。

《人本体制论》的基调：人是目的、是实质，不能以人为手段。主张抛弃“人本工具论”，树立“人本实质论”。[②]这是本书的一大独特之处。

2. 双线均衡论

《人本体制论》认为，中国必须“在社会公平和市场化两个鸡蛋上跳舞”，寻求“双线均衡”：如打破经济市场化这个“鸡蛋”，中国就可能倒退；如打破社会公平这个“鸡

① 马克思、恩格斯：《德意志意识形态》，载《马克思恩格斯全集》第42卷，人民出版社，1979，第368页。

② 常修泽：《人本体制论——中国人的发展及体制安排研究》，中国经济出版社，2008，第15页。

蛋”，中国有可能动乱。[1]这里的要害是把握“均衡点”，改革开放必须是全面的，不应是“跛脚”的，如果是“跛脚”的，则必会产生“权力拜物教与金钱拜物教相结合”的新问题。

特别提出“要注意防止两种现象：第一，要经济市场化，但要防止‘权贵’；第二，要实现社会公正，但要防止‘民粹’。无论是‘权贵’还是‘民粹’，对中国广大人民群众来说，都是不利的。从拉美国家看，这两种现象是互为依存、恶性互动的：上面越‘权贵’，社会越‘民粹’；社会越‘民粹’，上面越‘权贵’，甚至可能会集权。比较而言当前主要是防止‘权贵’问题。我们必须看清这一点，保持理性认识”。[2]

3. 人的三层含义论

第一，从横向来说，这里的“人”，不是指某一部分人，也不是指多数人，而是指“所有的人”（强调惠及全体公民）。恩格斯在讲到社会主义社会时，曾经指出“社会应该给所有的人提供健康有益的工作，给所有的人提供充裕的物质生活和闲暇时间，给所有的人提供真正的充分的自由”。[3]这里强调是“给所有的人”。作为一个执政党，应

---

① 常修泽：《人本体制论——中国人的发展及体制安排研究》，中国经济出版社，2008，第288页。

② 同上。

③ 另参见习近平在纪念马克思诞辰200周年大会上的讲话，强调学习马克思，要学习和实践马克思主义关于社会建设的思想。恩格斯这段话即是马克思主义关于社会建设的思想之一。

该有这样的宏观思维。

第二，从纵向来说，这里的“人”，不应只是指当代人，还包括我们的下一代人或者下几代人，是个“多代人”的概念。

第三，从内核来说，这里的“人”，不是“单需”之人，而是“多需”之人，也就是除了单纯的物质生活需要，还包括精神生活的需要、生命和健康安全的需要、参与政治生活和社会生活的需要。[①]“多需人”表明，“所有的人”必须拥有作为人应该拥有的一切基本权利，包括物质生活、精神生活方面的权利，生命和健康安全方面的权利，参与政治生活和社会生活方面的权利，等等，这才是真正意义上的、社会性的人。

4. 经济体制四方位创新论

就未来新阶段的经济体制改革，书中提出了“上下内外”四维度的“人本体制创新的路线图”构思，即：上——以职能转换为重点推进政府管理体制改革；下——在关键性的微观基础和市场体系领域推进体制创新；内——着力推进民生性和全面协调可持续发展方面的体制创新；外——从“参与”和“适应”经济全球化两方面推进整个体制创新。[②]

① 常修泽：《人本体制论——中国人的发展及体制安排研究》，中国经济出版社，2008，第117页。

② 常修泽：《人本体制论——中国人的发展及体制安排研究》，中国经济出版社，2008，第107—111页。

5. “五环式”改革论

该书不仅阐述了新阶段的经济体制改革的路线图，而且从“三个解放及其互动关系”[①]的广阔视野出发，在一开始就“着眼于中国下一个30年，就更大范围内的经济、政治、社会、文化和生态环境制度‘五环式’的体制改革提出思路”。[②]有评论说，在2012年中共十八大之前4年（即2008年），就系统提出了“五环式”改革理论及思路，具有前瞻性。

上述核心观点引起学界重视。以此为理论支点探讨未来改革的长篇论文《中国下一个30年改革的理论探讨——“人本体制论”角度的思考》，在《上海大学学报》2009第3期发表，被《新华文摘》2009年第20期全文转载。

如古语所说，“春江水暖鸭先知”。在中国，最敏感的可能非知识分子莫属了。2008年12月，《人本体制论》一书出版后，首先是知识界的报纸——《光明日报》做出反应。在中华人民共和国成立60周年前夕，为展示新中国成立60年来，特别是改革开放30年来社会科学领域新学科成果，时任《光明日报》理论部副主任孙明泉先生在2009年9月8日《光明日报》理论周刊版显著位置，发表了一篇学术访谈——《“促进人的自由全面发展，才是社会主义经济的根

① 解放生产力，是中国现代化之基；解放生产关系，是中国现代化之源；而解放人的自身，则是中国现代化之本，三者之间具有内在联系和互动机制。

② 常修泽：《人本体制论——中国人的发展及体制安排研究》，中国经济出版社，2008，第1页。

本”——访“人本经济学”的探索者常修泽》，把《人本体制论》作为改革开放以来新学科成果予以介绍。[①]同时，该版一篇文章关于“人的发展经济学”研究综述把我的研究成果列为中国“人的发展经济学”研究三个阶段的前沿代表观点之一。[②]

可以说，《人本体制论》是我对现代中国“人的自身解放和发展”及其必需的“制度安排”的探索与阐发，算是创建“人本经济学”过程中的一个代表性成果吧。

四　又过七年：姊妹篇《人本型结构论》出版（2015年）

（一）将“人本论”引入经济结构

虽然，《光明日报》理论周刊版把《人本体制论》作为中国改革开放以来新学科成果之一，但是，我深知，与作为一门新学科的要求相比，还是有很大差距的，明显的是缺少结构问题、缺少发展方式问题，尚不构成一门学科的理论体系，从学科要求看，除人本体制外，人本结构、人本发展方式，是理论体系不可或缺的。

① 孙明泉：《“促进人的自由全面发展，才是社会主义经济的根本”——访“人本经济学”的探索者常修泽》，《光明日报》2009年9月8日。

② 石文艳：《关于“人的发展经济学”研究的三个阶段》，《光明日报》2009年9月8日。

为了真正建立人本经济学学科，“自2008年《人本体制论》出版后，我就开始构思如何用‘人本’思想推进中国经济结构的转型问题，并且预想了书名——《人本型结构论》，以期与《人本体制论》形成姊妹篇”①。

我在研究中感到，“人本型结构论”是人本经济学的重要组成部分，与当代中国和世界正在开展的、中美贸易谈判也反复提及的“结构性改革”（不仅仅是供给侧）息息相关。

这是应运而生的。因为结构性矛盾是中国经济内部的深层次矛盾。虽然国家多年来一直强调“调结构”，但是，实事求是地说，结构转型并没有取得突破性进展。结构转型为什么一直转不过来？个中原因当然十分复杂，但从深层次探究，根源之一在于没有完全从“物本位”和“官本位”的束缚中摆脱出来。

中共十八大提出“把增进人民福祉，促进人的全面发展作为发展的出发点和落脚点”前一年，2011年《人本型结构论》被列入国家“十二五”重点图书出版规划项目，后列入国家出版基金项目。经过几年的研究、写作，2015年8月《人本型结构论》完稿。恰好，时代呼唤，未来中国经济发展，“必须有新理念、新思路、新举措”“必须把增进人民福祉，促进人的全面发展作为发展的出发点和落脚点”。在此背景下，安徽人民出版社适时推出《人本型结构论——中国经济结构转型新思维》（《中国经济转型丛书》之一）。

① 常修泽：《人本型结构论——中国经济结构转型新思维》，安徽人民出版社，2015，第339页。

出版社认为，这本书正是运用“新思维”探讨中国经济结构转型的著作。该书不同于以“物本型”增长主义为主线的著作，提出了“以人的发展为导引”的主线思维，并将“人本型结构论”这一“新理念”贯穿于中国经济的“六大结构”中，点出了化解的“命门”。

在此书写下题记：

一

结构
不是天生的，
也不是上帝赋予的，
而是“人”参与造就的。
人，
曾经酿成一个旧结构；
人，
也可以依照规律创造一个新结构。

二

一千个观众眼中，
有一千个哈姆雷特；
诸多的经济学家心中，
也有多种结构转型学说。
与物本增长型结构不同，
本书着力从人本主体角度探索，
故曰“人本型结构论”。

三

眼睛

有白眼球、黑眼球，

但关键是瞳仁；

结构

有这部分、那部分，

但核心是“人本”；

中国结构转型

——必须抓住“命门”。

（二）向六大结构“锚地”抛人本之“锚”

《人本型结构论》全书共10章，43万字。写作初心，重“道”而不是重“术”，尤其追求思想新颖。同时强调，“人本型结构论”不是“空心菜”，而是“实心砖”。如何避免把它变成空泛的概念和范畴，真正成为实实在在的红线和核心范畴，这对我而言是个挑战。如果不落地，就成了《红楼梦》说的“镜中月”“水中花”。

在《人本型结构论》开始部分，我提出了一个命题：“需求管理与供给管理相结合的新方略”[1]。与凯恩斯主义突出强调“需求管理”或里根经济学突出强调“供给管理”

① 常修泽：《人本型结构论——中国经济结构转型新思维》，安徽人民出版社，2015，第5页。

不同，我是一个“需求侧与供给侧结合论”者，主张“供需并重、两侧发力”，[①]并且在逻辑上，把居民消费需求放在突出位置。不久，2017年，中央领导透露出要“供需并重、两端发力”的信息。

按照我的人本经济学理论，特别挖掘了马克思关于“人”是主人、“品”是“仆役”的思想。书中引述了《〈政治经济学批判〉导言》中对社会再生产四个环节的精辟论述，其中马克思明确指出，生活消费是社会再生产全过程的“终点”，“在消费中，产品脱离这种社会运动，直接变成个人需要的对象和仆役，供个人享受而满足个人需要。因而，生产表现为起点，消费表现为终点”。[②]提请大家注意，马克思的话渗透的人文精神：“人”是主人，“品”是“仆役”；人的需要是主体，产品的供给只是满足人的需要的“对象”。这个关系不能颠倒。鉴别“人本经济学”抑或“物本经济学”，马克思阐释的这个“社会生产目的”无疑是一个分野。

《人本型结构论》以“人本经济学”为理论依据，提出了“人本型结构”这一核心范畴，并将此核心范畴作为主线贯穿于中国经济的六大结构中。以轮船在“锚地”抛“锚”做比喻，把六大结构看作六个“锚地”，对每个“锚地”都要精准地抛“锚”，而且让它牢牢“抓地”。这就是我的

① 常修泽：《论需求管理与供给管理相结合的新方略——2015年12月在北京大学所作的学术报告》，《改革与战略》2016年第1期。

② 马克思：《〈政治经济学批判〉导言》，载《马克思恩格斯全集》第12卷，人民出版社，1998，第733—762页。

“抛锚”论。抛“锚”，怎么抛呢？六大结构各存在不同的核心命题，应瞄准核心目标，精准抛“锚”。

［专栏9］人本型结构六大结构目标靶向

在需求结构上，瞄准提高“居民消费率”及相应的“民富支撑”；

在供给结构（产业结构）上，瞄准与人直接相关的现代服务业和战略性新兴产业；

在要素投入结构上，瞄准人的“心灵放飞”和万众创新；

在资源环境结构上，瞄准生态福祉和“环境人权”；

在城乡结构上，瞄准填平城乡之间“人的制度鸿沟”；

在区域结构上，瞄准区域人际协调，以避免“板块群体碰撞”。

在中国，结构转型“转到深处是体制”，必须真刀真枪地实施“结构性改革”，克服两种“本位”（“物本位”和“官本位”），推进提出的“五环式”改革，持续反腐败并突破固化利益格局。唯有此，结构转型才有可靠的制度支撑。

《人本型结构论》出版后，引起学术理论界和新闻出版界的重视。2015年9月21日新华网以《以“人本型结构论”探索中国新阶段结构转型》为题予以介绍；2015年11月23日新华网再发消息《常修泽教授新作〈人本型结构论〉受热捧 出版两月脱销》。在此背景下，我以书中核心观点为基础撰写成长篇论文《论人本型经济结构——对中国新阶段结构转型战略的新思考》，在《经济社会体制比较》杂志刊出，并被《新华文摘》全文转载。[①]著名经济学家张卓元先生、高尚全先生分别在《人民日报》和新华社《经济参考报》，以《围绕人调整经济结构》[②]和《主线独特　立意新颖》[③]为题发表评论。2016年，该书获“中华优秀出版物奖”。

（三）经济发展方式转变：人的位置在哪里?

探讨人本经济学，除了体制问题、结构问题之外，还有发展方式问题。2010年我尝试把“人本论”贯穿到发展方式转变领域中，完成了长篇论文《论以人的发展为导向的经济发展方式转变》。

论文一开始就指向“一个幽灵，一个增长中心主义的幽灵”“即使在最近关于经济发展方式转变的讨论中，这一气氛也苦苦挥之不去”。[④]文中重点探讨三个问题：为什么强调转变经济发展方式必须“以人的发展为导向”？在实践中以人的发展为导向的经济发展方式转变，究竟应把握哪些着力点？确立“以人的发展为导向”，需要什么样的体制支撑？此文在《上海大学学报（社会科学版）》发表后，被

① 常修泽：《论人本型经济结构——对中国新阶段结构转型战略的新思考》，《经济社会体制比较》2015年第5期。《新华文摘》2015年第24期全文转载。

② 张卓元：《围绕人调整经济结构》，《人民日报》2015年11月27日。

③ 高尚全：《主线独特　立意新颖》，《经济参考报》2015年12月1日。

④ 常修泽：《论以人的发展为导向的经济发展方式转变》，《上海大学学报（社会科学版）》2010年第3期。《新华文摘》2010年第15期转载。

《新华文摘》转载，并收入《30位著名经济学家会诊中国经济发展方式》（中国友谊出版公司，2010年）。

（四）两部人本经济学专著引起激烈争论

两部人本经济学著作出版后，引起的反响超出我的预料。

从撰写文章参与对《人本体制论》和《人本型结构论》讨论或评论的学者看，主要有：高等学校学者①、中国社会科学院和地方社会科学院或社科联学者②、政府部门及其研究机构专家学者③、部分新闻界人士或海外朋友④。此外，还有网络上的一些论者。

大家的看法和评价并不相同，大体分成三种意见：

第一种是支持或指点性的意见。

① 包括：中国人民大学胡钧教授，教育部社科司原司长、中国人民大学奚广庆教授，南开大学经济研究所徐振方教授（已故，生前留有遗作），南京师范大学许崇正教授，浙江财经大学周冰教授，中南财经政法大学卢现祥教授、朱巧玲教授，天津师范大学李家祥教授，等等。

② 主要有中国社会科学院学部委员张卓元研究员、广西社科联《改革与战略》主编巫文强研究员等。

③ 包括：原国家体改委副主任高尚全先生、中共中央党校（国家行政学院）马克思主义学院院长张占斌教授、中国宏观经济研究院社会研究所曾红颖博士，等等。

④ 包括：《光明日报》理论部主任孙明泉、《经济参考报》理论部主任田如柱、香港亚太法律协会会长邝家贤律师，以及云南昆明企业界牛彦先生，等等。

第二种是商榷性的意见[①]，或带有学术批评性的意见。有批评"人本经济学"这个提法不确切的；还有从更深层，即从"人道主义或人本主义的实现"层面来批评的，如老经济学者、中国人民大学胡钧教授认为：

（与第一种认识不同）另一种认识，是把人的全面自由发展看成是"人性"或者"人的本质"的要求，或者看成是人道主义或人本主义的实现。比如，常修泽教授在他的文章里讲这是一种基本的价值取向、基本概念和基本趋势。我觉得这都是对的。但是作为一门科学，我觉得我们讲的人的发展应该更进一步，不应只是停留在价值取向的角度去看这个问题。……我觉得谈人的全面自由发展的时候应该把价值取向问题和客观规律性结合起来讲。归根结底，就是把它看成是一种自然史过程。[②]

胡钧教授是老师谷书堂教授年轻时在烟台一中的老同学，也是我尊敬的一位老学者（住在北京同一个社区），然而"老师归老师，观点归观点"。胡钧教授关于"自然史过程"的观点是有着客观规律性关照的，我应进一步阐发，但是，在谈人的发展时要不要讲"人道主义或人本主义的

① 如当时在英国留学访问的中山大学学者朱富强认为"关于人本经济学的探索，常修泽做了大量先驱性工作"，同时，他就"中国社会如何进行人本改造"问题进行商榷，文章篇幅超万言，下了很大功夫。朱富强：《中国社会如何进行人本改造？》，《学术研究》2010年第4期。

② 胡钧：《对人的发展经济学的几个问题的看法》，《改革与战略》2011年第8期。

实现”呢？马克思在谈到“新社会是实现人的自由全面发展的社会”时，明确讲了在这一社会中人们可以“在最无愧于和最适合于他们的人类本性的条件下来进行这种物质变换”。[①]在这里，马克思不是也讲“人类本性”吗？[②]在这个问题上，还需要继续探索。

第三种是上纲上线的批判性意见。如有人以《充满了理论荒谬的庸俗经济学》为题，对“人本经济论”予以批判，但是细看后，并未知晓到底“理论荒谬”在哪，到底“庸俗”在哪。

为避免引起新的争论，本书对此淡化处理，或许在另一本书《关于人本经济学的探索及争鸣实录》中予以展示（见本书导言）。

① 马克思：《资本论》第3卷，载《马克思恩格斯全集》第25卷，人民出版社，1974，第924—927页。

② 按照云南昆明企业界牛彦先生的分析，胡钧教授不赞成的理由是，古今中外数千年来，出现了众多重视人的学说。在这样的背景下，提“人道主义实现论”，有从众之嫌，还有淹没马克思主义学说“科学研究方法论之独创性”之嫌。

五　十年“人发会”的反思：中国“人发学界”向何处去？

（一）“两原始”发起组织九届“人发会”：为建立“人发学派”做铺垫

随着《人本体制论》和其他学者“人的发展经济学”[①]相关著作的出版，“人发经济学”（或人本经济学）逐步受到经济学界关注。随之，本人的研究也进入人本经济学纵深研究时期。作为该学科的探索者之一，不能不思考未来“人发经济学（或人本经济学）向何处去”的问题。

特别是《人本体制论》指出的——从现实来说，中国的“人本”还处于“低端”状态，尤其是“人本工具论”仍有市场；从理论来说，许多深层次的理论问题并未触及，学科体系更不成熟，且存在诸多争论。为此，需要组织学术研讨会，群策群力，共同攻关。

2008年《人本体制论》出版后，即开始酝酿组织研讨会。2009年春，我南下广西南宁，与时任《改革与战略》杂志社主编巫文强先生见面商量发起筹备研讨会事宜。[②]当

① 简称为“人发经济学”。“人发会”“人发学界”“人发学派”亦为简称，全称分别为“人的发展经济学研讨会”“人的发展经济学界”“人的发展经济学派”。

② 被云南昆明企业界牛彦先生称为“两原始股东”，后来还有高校的许崇正教授等朋友参加。

时，遇到几个实际问题，我明确提出自己意见：第一，主办单位为《改革与战略》杂志社，每届可与承办单位合作，由双方各自申请报批。第二，经费问题，除特殊情况外，与会人员的食宿交通费原则上自理。第三，专家出场费问题，无论名气大小，一律没有。这就解决了筹备中的几个难题。

在大家共同发起和倡导下，当年召开了第一届“人的发展经济学研讨会”，此后每年一届，直到2017年9月共连续召开了十届，我参加了前九届①，主要做了五件事情：第一，会前商定会议主题及分论坛议题。第二，会议期间，参与主持讨论。第三，有几次在大会上作主题报告。②第四，会议结束前，进行会议总结。第五，会议结束后，与巫文强、王政武等商定会议综述（在《改革与战略》杂志发表）。通过近十年的持续研论，为推动该学科的发展尽了一份心力。

回顾前九届“人的发展经济学研讨会”，高潮是2014年11月在南宁举办的第六届。此次会议深入讨论了“市场经济与人的发展”问题。当年12月8日《光明日报》以整版篇幅刊发了主要与会者的发言摘要。我的发言也以《社会主义与

① 第一届“人的发展经济学研讨会”于2009年在南宁举行；第二、三届分别于2010、2011年在北京举行；第四届于2012年在成都举行；第五届于2013年在北京大学举行；第六届于2014年在南宁举行；第七届于2015年在武汉举行；第八届于2016年在贵阳举行；第九届于2017年在广州举行。

② 如，2009年第一届作《关于用人本体制论推进下一个30年改革》报告；2010年第二届作《以人本为导向推动经济发展方式转变》报告；2011年第三届作《当代人的多维产权——天地人产权探讨》报告；2014年第六届作《再探社会主义与市场经济的“有机结合”问题》报告；2017年第九届作《关于“能动的人”》报告。

市场经济结合是绕不开的理论问题》为题刊发。[①]

鉴于在该领域所做的工作，光明网曾设立专版《人的发展经济学》予以介绍。与此同时，中共中央党校主办的《学习时报》载文称，一个新的学派——人的发展经济学派正在产生。

（二）从严格意义上说，中国的“人发学派”还没有形成

一个新的学派——人的发展经济学派正在产生，这评价带有鼓励性质。我注意到，作者用的是“进行时”，而不是“完成时”。以我十年的经历和体会，我认为，从严格意义上说，中国的“人发学派”还没有形成。

为什么？有三个原因。

第一，尚未拿出被社会公认的、“扛鼎性”的“人的发展经济学”理论著作。

自2008年发起组织“人的发展经济学研讨会”以来的十年间，“人发学界”的多位学者，写了若干部“人的发展经济学”著作，有的还出版了“人的发展经济学”教科书，大家花费的心血是值得肯定的，有关部门为出版书籍所给予的支持更应感谢。但是，这些书籍（包括我的上述两部著作在内）还不尽如人意，尤其是缺乏被社会公认的、“扛鼎性”的理论著作。

① 常修泽：《社会主义与市场经济结合是绕不开的理论问题》，《光明日报》2014年12月8日。

《矛盾论》里讲过一段关于科学研究的区分，就是关于科学对象所具有的特殊的矛盾性的论述，值得深思。人的发展经济学作为一门新的学科，应该挖掘当代人的发展过程中所具有的“特殊的矛盾性”，揭示其自身内在的（而不是外在的）规律性，从而建立起自己的核心范畴和理论体系。现在的“人的发展经济学”恐怕还没有找到该学科的核心范畴，还没有揭示当代人的发展过程中内在的规律。①

在这方面，马尔库塞的名著《单向度的人》值得作为著作标杆。这部出版于1964年，以揭示“三个丧失”（丧失否定性、丧失批判性、丧失超越能力的人——所谓“单向度的人”）为理论锋芒的著作，问世后被当作“圣经”一般，以至1968年法国巴黎的青年学生“人手一册”。

第二，尚未形成“扛鼎”式的学术带头人和强大的学术队伍。

自2009年举办第一届“人的发展经济学研讨会”以来，每年参会的人员从七八十人至百人不等，队伍比较弱小。更关键的是，会上活跃的，多是会议的发起者、组织者和热心参加者，虽然其中不乏有见解、有研究的学者，但是尚未形成学术界公认的“扛鼎”式的学术带头人和强大的学术队伍。这是令人感到遗憾的。

第三，在国际同学科领域还缺乏理论影响力和相应的国际地位。

以往十年间，人的发展经济学界“请进来”“走出

① 并不是把政治经济学教科书相关篇章加上“人的发展”的标签就可称“人的发展经济学”。

去”，也举办了几次国际研讨会，进行了初步交流，但是，中国人的发展经济学界的声音还没有在国际上得到传播，更谈不上世界影响力。如何植根于中国大地，创立阐明中国人的自由全面发展的“人的发展经济学”，还有待破题。

（三）“走出去”：以国际学术视野探讨人类发展问题

从21世纪初期写作和出版《人本体制论》著作以来，世界发生了很大变化，特别是2008年全球金融危机的爆发，使我更加深刻地认识到，“金钱拜物教（物本位）”与“权力拜物教（官本位）”这两条通往奴役之路都已接近尽头，急需在国际更大范围探索人的发展问题。于是，我采取“走出去”和“请进来”两种方式，与国外有关机构和学者就人类自身发展理论进行交流、切磋。

一是社会主义国家，重点放在越南。2001年内部报告建议“把人的发展作为一个独立的、完整的指导性理念来提出”之后，我先后七次应邀前往越南河内和胡志明市讲学或交流，重点向越南中央管理研究院及其他机构介绍中国的改革开放理论与战略，其中包括“人本经济学”理论及其应用。

二是中亚转型国家。2010年，我应邀出席“亚洲转型国家经济社会政策对话论坛”，论坛地点设在乌兹别克斯坦首都塔什干，我就《以人的发展为导向推进经济发展方式转变》阐述自己的观点[1]。

三是欧洲，重点是欧盟总部。2014年和2015年作为中改院专家组成员先后出席欧洲学院学术报告会和欧洲政策研究中心（CEPS）的“欧洲思想实验室年会”。在欧洲学院重点讲《包容性改革论》；在欧洲政策研究中心关于“走向创新市场领导者：中国‘十三五’规划”的对话环节，重点讲“用人本思想推进经济结构转型”，强调“讨论中国的结构转型，必须抓住‘人本’这一‘命门’”[2]。会后曾与迟福林、曹远征等学者到中国驻欧盟使团总部座谈。

应邀出席中欧论坛。图为在中国驻欧盟使团总部与同行学者合影（2014年）。从左至右：赵晋平、贾康、迟福林、曹远征、常修泽、殷仲义

四是儒家文化与西方文化交汇融合的国家——新加坡。

① 常修泽：《人本型结构论——中国经济结构转型新思维》，安徽人民出版社，2015，第55页。

② 常修泽：《人本型结构论——中国经济结构转型新思维》，安徽人民出版社，2015，第82—83页。

2015年参加亚洲竞争力会议期间，我应邀作了《中国经济结构转型新思维——人本型结构论》的主题演讲，并向新加坡国立大学东亚研究所郑永年先生赠阅著作《人本型结构论》。

除“走出去”外，还应邀在中国主办的国际会议上做交流，不一一叙述。

为加强与联合国等国际组织的联系和交流，还和迟福林教授等学者一起，与联合国开发计划署合作，开展《中国人类发展报告》①的研究和撰写工作。同时尝试建议用富有人性化特点的HDI（人类发展指数）代替GDP，作为主要考核指标。

通过上述国际交流，我的学术眼界明显开阔了。一方面深切感受到不同制度和文化背景下的学者对人的发展各自的理解和阐释，另一方面也感受到同一个时代面对人类发展新情况的共同关切，促使我从更大视野、更高层次思考并研究人类自身发展和命运问题，进一步拓展了“人本经济学”的思考空间。

（四）与政治经济学界汇合：提出“以人本思想为核心，创新经济学体系”

2014年春，中国社会科学院学部委员张卓元先生在中国社会科学院主持“经济学理论体系创新研讨会”，组织讨论

① 联合国开发计划署驻华代表处等：《中国人类发展报告2007—2008：惠及13亿人的基本公共服务》，中国对外翻译出版公司，2008。

中国经济学理论体系的创新问题。我在发言中，提出了《以人本思想为核心：经济学体系创新之我见》[①]的学术建议。这次发言有三个部分。

［专栏10］以人本思想为核心，创新经济学体系

第一部分，中国当代经济学理论的三个来源及其存在的问题。第一来源，中国本土的经济学理论；第二来源，西方经济学的传入；第三来源，斯大林版社会主义政治经济学。在三个来源里面，后者是主流的来源，影响最广泛。主要有两个问题：一是体现了一种“权力本位”或者“官本位”的思想，是对人的主体性的压制；二是“物本位”理论违背了社会主义生产目的，存在“为生产而生产”的倾向（而不是为人的需要而生产），“见物不见人”。

第二部分，从“马”“中”“西”三个维度挖掘人本思想及其在经济学中的地位。第一个维度，“马”——从马克思的著作中挖掘人本思想，如，新社会是“实现人的自由全面发展的社会”等；第二个维度，“中”——从中国本土哲学和史学的角度挖掘人本思想；第三个维度，“西”——即西方学者关于人的发展的一些有益理论。

第三部分，以人本思想为核心的经济学大体框架。“一个顶层、三道横梁、四个支柱”。一个顶层，以人的自由全面发展作为顶层设计的基本导向。三道横梁：第一道，在所有制关系上实行“混合所有制经济”；第二道，在资源配置

① 常修泽：《以人本思想为核心：经济学体系创新之我见》，《学术研究》2015年第10期。

方式上发挥市场的决定性作用和政府必要作用；第三道，在社会财富体制上实行“社会共生共享”的制度。四个支柱即生产过程、流通过程、分配过程、消费过程，新的东西是每个过程都要把人的发展作为一条红线贯穿始终（即打通四过程）。如果把理论体系比喻为大厦的话，“四过程分析”可当成“四个支柱”。

两年后（2016年），应母校南开大学中国特色社会主义经济建设协同创新中心主任逄锦聚教授的邀请，于2016年7月28日在“政治经济学大讲堂”汇报关于人本经济学的探索历程和遗憾。报告稿作为第八讲，收入《中国经济与世界》一书，于2017年4月由经济科学出版社出版。

在上述中国社会科学院“经济学理论体系创新研讨会”上的发言和回母校南开大学在“政治经济学大讲堂”的汇报，或许是与政治经济学界同仁汇合、“以人本思想为核心，创新经济学体系”的一个阶段性标志。

由著名经济学家张卓元、厉以宁、吴敬琏三位先生主编的《20世纪中国知名科学家学术成就概览（经济学卷）》，收入了时任国家发改委经济研究所所长宋立研究员等人撰写的常修泽篇，其中记载了我提出“社会主义人本经济学”（1986年）、主张“人本高于资本”（1996年）、建议中央“把人的发展作为一个独立的、完整的指导性理念来提出”（2001年）以及出版代表作《人本体制论》（2008年）等史料，载入该书第三分册，于2015年2月由科学出版社出版。

可以说，这是我对自己研究人本经济学的一个概括。

1986—2018年，30多年的人本经济学研究，其中的酸甜苦辣，自己“寸心有知”。我现在思考的是，“探索建立人本经济学，为人的自由全面发展立论”的初心，实现了吗？我反问自己……

本章思考与沟通

写完这一章，继续思考几个问题，愿与读者进行心灵沟通：

1. 追求“每个人的自由全面发展”是不是马克思主义的精华？

2. 人本经济学是不是“充满了理论荒谬的庸俗经济学”？

3. 如何把握新技术革命条件下，一代“超限制的新人”的特点？应该如何为其发展开辟道路？

4. 马尔库塞的名著《单向度的人》对人本经济学具有哪些重要启示？

5. 在中国，人本经济学向何处去？如何与政治经济学界汇合，“以人本思想为核心，创新经济学体系”？

肆

“转”：《包容性改革论》，为中国全面转型立论

前文分别阐述了两部曲——产权论和人本论。从内在逻辑看，产权论、人本论与转型论，三者不是平行的关系，而是递进的关系。正如上一章导语所言，“山高人为峰”，其根本目的是促进“每个人的自由全面发展”（这无疑是一个高峰）。但要实现这一目标，必须推进“中国全面转型”，这是实现目标的根本路径。从国际视野来审视，此为中国走向现代化的基本战略，也是最吸引世界眼光的地方（从战略上说这也是一个高峰），以至一位学者朋友把三部曲中的“转型论”称为学术研究应该达到的“8848”[①]。

既然国内外学界如此关注“转型论”，那就把我这40年关于中国转型的探索做一次梳理。重点是四方面转型：（1）体制转型；（2）开放样式转型；（3）发展样式转型；（4）文明转型（最富有挑战性，也是我倾心研究的方面）。

一　体制转型：从让“媳妇”进“门”到系统提出《包容性改革论》

（一）“老祖宗”为什么不让“媳妇”进“门”？

本书第一章曾讲过，1974年在南开大学政治经济学进修

① 此为比喻，即学术研究达到的顶峰。

班学习期间，谷书堂老师曾向我谈了经典著作中有关“一根两苗”的悄悄话[①]，促使我思考社会主义制度下商品经济的命运问题[②]。

1979年初进入南开大学经济研究所后，我跟随谷老师从事的第一个研究课题，就是他主持的国家“六五”重点科研项目“中国经济体制改革的理论依据研究”（杨玉川和我协助）。

核心问题是写什么？写“计划经济”，还是写“商品经济”？而写“商品经济”，就遇到一个症结性问题：如何看待社会主义与商品经济的关系。

查遍马克思、恩格斯等“老祖宗”的著作，都是坚决而明确地不让商品经济这位“媳妇”进社会主义之“门”的。

“老祖宗”指出：一旦社会占有了生产资料，商品生产就将被消除，而产品对生产者的统治也将随之消除。社会生产内部的无政府状态将为有计划的自觉的组织所代替。[③]研究中，我曾在《资本论》第3卷找到一句“价值规律”的论述，但仔细一辨析，此处“价值规律”，并非商品经济的“价值规律”，而是产品经济的“经济效益规律”。

“老祖宗”为什么不让“媳妇”进“门”？在我1983

① 当时他的比喻是“一根两苗”。马克思等经典作家为什么只承认社会主义条件下的按劳分配，而否认社会主义条件下的商品经济呢？这是一个矛盾。谷老师的这番话，使我内心深处受到极大的触动。

② 常修泽：《谷老师，让我再看您一眼》，《天津日报》2016年4月1日。

③ 《反杜林论》等经典著作均有论述，在此不一一做注。

年分工撰写《社会主义商品经济[①]和价值规律》一书第一章“社会主义商品生产理论的发展和实践”中，曾挖掘了“老祖宗”的思想。他们认为商品生产、商品交换是私有制的产物，其本质属性是资本主义的经济范畴，与社会主义是水火不容的。[②]形象地说，商品经济（市场经济）这位“媳妇”品质不好，与社会主义大家庭格格不入。

商品经济本质属性是不是资本主义的经济范畴？在谷书堂老师的带领下，经过反复研究，我们实施了一个把商品经济与社会制度“缠绕”在一起的“混合体”剥离“手术”，认定商品生产、商品交换是社会发展到一定阶段的产物，商品经济姓“商”，是一个“中性”的范畴，或者说是一种适应性极强的经济形式。过去，它曾经与资本主义制度和前资本主义制度（那时应称商品生产）相兼容，为资本主义和前资本主义经济服务；现在它也可以与社会主义制度相兼容，为社会主义经济服务。这就推导出商品经济与社会主义兼容论（又称“结合论”）。

这里要特别指出：“商品经济中性论”是20世纪80年代谷老师帮我打开社会主义与商品经济“死结”的“钥匙”或“突破点”，使我对“中性”事物和“中性”原则有了突破

---

① 关于“社会主义商品经济”或“社会主义市场经济”的命题，在20世纪80年代初改革开放开始时，对中国来说是一个新问题。但从世界范围来看，早在20世纪50年代，南斯拉夫学者就明确提出了“社会主义市场经济”的理论，并载入南斯拉夫共产主义者联盟的“党纲”。对此要实事求是承认。

② 今天看来，这与马克思、恩格斯作为思想家和探索者，把实现社会主义的历史进程理解得太短暂，以及对市场经济的历史作用理解得很短暂有关。如果他们经历了建设社会主义的历史实践，我想他们会改变原来的观点。

性的认识；20世纪90年代又顺此逻辑，我认识到现代企业制度中性论和股份制形式中性论。进入21世纪后，在中性论基础上，我独立提出“包容性”和“战略理性”，这些都是一脉相承的，从而形成了自己“中性、理性、包容性”这样一种经济理论研究的思维方式。[①]特别感谢具有启迪性意义的“商品经济中性论”。

就这样，谷老师带领我和杨玉川以商品经济与社会主义兼容论作为主线来写研究报告。围绕此主线，从理论到实践，从国际到国内，从历史到现实，从不同维度对社会主义商品经济和价值规律进行了系统阐述。经过3年的研究和写作，完成了一篇16万字的研究报告——《社会主义商品经济和价值规律》[②]。

1983年夏，报告完成后，由我爱人在8开大稿纸上誊清，[③]在南开大学经济研究所复印，作为内部研究成果由我直送北京，供中央有关部门参阅。

没想到，后来发生了一段有趣的“缺页”故事。

① 常修泽：《中性、理性、包容性——经济理论研究的一种思维方式探讨》，《学术界》2020年第1期。

② 该研究报告除前言外，正文共六章：第一章，社会主义商品生产理论的发展和实践；第二章，社会主义商品经济的存在原因和特点；第三章，社会主义经济中的价值规律；第四章，社会主义经济中的价值转化形态；第五章，社会主义经济中价值规律和其他经济规律的关系；第六章，价值规律在社会主义经济中的作用。

③ 她的右手中指因长年帮我誊稿而成凹形，我感激她。

（二）1984年夏《决定》起草期间："缺页"的故事

报告上报后，一直没有反馈消息。到1984年7月左右，接到全国哲学社会科学规划办公室打来的电话，说送的报告复印件中间"缺一页"，要求尽快补齐。根据谷老师的安排，我把缺页迅速复印上报。当时对此并未多加思虑。

事隔30多年后，看到张卓元先生等著的《新中国经济学史纲（1949—2011）》，方知1984年中共十二届三中全会召开前，在起草《中共中央关于经济体制改革的决定》时，围绕是否提社会主义商品经济问题，高层有过激烈的争论。①

据《新中国经济学史纲（1949—2011）》记载，"这一文件从1984年6月开始起草，用了一个多月时间提出了一个提纲，但这个提纲，没有脱离原来的'计划经济为主，市场调节为辅'的调子，当时的中共中央总书记胡耀邦对此很不满意，因此，重新调整了文件起草班子"。②据张卓元先生回忆说，当时曾让中国社会科学院搜集有关社会主义商品经济问题的研究材料。前面讲到的"缺页"事件恰好就是在这种背景下发生的。

① 党内一部分同志主张写"社会主义商品经济"，但是，另一部分同志坚决反对。例如，曾参加过中共十二大报告起草工作的某部门负责人给中央政治局负责意识形态的领导同志写信说，"绝不能把我们的经济概括成商品经济"，如做此概括，"必然会削弱计划经济"。该负责意识形态的领导同志批转了这封信。

② 张卓元等：《新中国经济学史纲（1949—2011）》，中国社会科学出版社，2012，第172页。

1984年10月，中共十二届三中全会通过《中共中央关于经济体制改革的决定》（以下简称《决定》），作出了“社会主义经济是有计划的商品经济”的论断，虽然仍有“有计划”三字，但落脚点放在“商品经济”上。《决定》明确指出：“商品经济的充分发展，是社会经济发展的不可逾越的阶段。”特别是，邓小平同志说了一段意味深长的话：“这次经济体制改革的文件好，就是解释了什么是社会主义，有些是我们老祖宗没有说过的话，有些新话。”[①]看到邓小平同志讲的“老祖宗”一句，我不禁会心地笑了，马上想到经典作家不让“媳妇”进“门”的往事。

《决定》通过后，按规定研究报告可以公开。很快，1985年初，上海人民出版社将该内部研究报告以《社会主义商品经济和价值规律》为书名正式出版。[②]全国哲学社会科学规划领导小组在“六五”总结报告（丁伟志先生所作）中，高度评价此书是“一部带有开创性的学术著作”。

此后，我跟随谷老师在这一领域继续探索。而这种探索又是很曲折的。特别是，1989年下半年之后，中国的理论界和社会上出现了一股否定社会主义商品经济的错误思潮。当时顶着压力，谷老师带领我撰写了《社会主义与商品经济论纲》，继续坚持中国改革的市场取向。该文在《经济研究》

① 邓小平：《邓小平文选》第3卷，人民出版社，1993，第91页。

② 谷书堂、杨玉川、常修泽：《社会主义商品经济和价值规律》，上海人民出版社，1985。

卷首发表[①]，被《新华文摘》当年第9期全文转载。

对此，我一直不忘《经济研究》编辑部在历史关头所表现出的时代责任感和理论探索的勇气，并在2018年《经济研究》复刊40年大会上向他们再次致意。

（三）1986年泰山顶上：似乎看到两道“普照之光”

1986年5月上旬，中国计划学会在山东泰安举行年会，重点讨论中国改革的模式到底是什么，据说要为中共十三大提供理论参考。我有幸应邀与会。

参加会议的基本队伍是国家计委经济研究所的研究人员，包括该所知名学者王积业、王建（后来“国际大循环”战略的提出者），以及荀大志、靳平、李媞、叶柏寿等，也请了少量高校和社科院的专家（比如安徽省社科院郭万清等）。那是我第一次群体性地接触国家计委经济研究所的研究人员，没想到9年后，我被调入该所担任常务副所长，这也许是此处结下的缘分吧。

在这次会议上，王积业先生讲了他们提出的“三联”模式，即“国家调节市场，市场引导企业”（后来被写入中共十三大报告，此为王积业先生和国家计委经济研究所做出的一个重要贡献）。

会议期间某天凌晨，主办方组织到泰山顶上观日出。当

① 谷书堂、常修泽：《社会主义与商品经济论纲》，《经济研究》1990年第6期。

东方一缕缕霞光露出天际照射山峦时，我忽然想到了马克思在《〈政治经济学批判〉导言》中的那句“普照之光”的名言。马克思说，起主导和决定作用的生产形式，就像“一种普照的光”“掩盖了一切其他色彩，改变着它们的特点”。那么，在中国，“普照之光”是什么呢？

会上，我提出中国的“普照之光”（或者说经济的普遍形态）不应是一道，而应该是两道。一道是社会主义，另一道是商品经济。这两道“普照之光”同时照耀，交相辉映，改变着现实经济的色彩。我的“两道普照之光”观点，在会上引起关注。会后，《中国计划学会通讯》（内部刊物）刊登了我的发言记录稿。

回到学校后，我又对“两道普照之光”观点进行了补充和深化，在《体制改革探索》杂志（后改为《改革》杂志）1986年第4期以《商品经济与计划体制改革》为题发表文章，进一步阐述“两道普照之光”及其“交相辉映”的观点。

社会主义与商品经济这“两道普照之光”彼此如何“交相辉映”？以及在“交相辉映”下，会不会改变各自的“颜色”？当时没有再往下深究。①

① 1995年我调入国家计委经济研究所后，转年曾经参与“社会主义市场经济的基本特征”的重点课题研究。在报告中，也写了关于社会主义和商品经济“两道普照之光”及其“交相辉映”的观点。

（四）瞄准资源配置主体：《我的市场经济观："换体"论》

1992年，中共十四大明确提出中国的经济体制改革的目标是建立社会主义市场经济体制以后，1993年初，由江苏人民出版社组织，邀请著名经济学家于光远、薛暮桥、吴敬琏等领衔，让国内几十位经济学者分别谈各自的"市场经济观"。这相当于做一场全国性的同题"作文比赛"。我被列入邀请名单。

怎么写？

长期以来，在社会主义与市场经济结合这个问题上，存在两种片面的、"单向度"的思想。传统的社会主义模式：要社会主义，但不提市场经济；原教旨市场主义：要市场经济，但排斥社会主义。两种思想虽然表面对立，但从实质看都带有"单向度"的特征——排斥性。

在提出"两道普照之光"观点之后的进一步研究中，我借鉴洋务运动时期提出的关于"中学为体、西学为用"的体用关系用语，于1992年形成自己独特的、既有联系又有区别的"双层次体用观"：

第一个层次的"体用观"：从基本制度角度考虑，社会主义制度为"体"，市场经济为"用"。这是从总体格局视角考虑问题。

第二个层次的"体用观"：从资源配置角度考虑，市场经济为"体"（主要手段），计划调节只是"用"（辅助手段）。这是从经济运行视角考虑问题。

究竟“哪学为体、哪学为用”，必须分清是指哪个层次的“体用观”？

仔细看了《我的市场经济观》编委会邀请函，我理解他们是从第二个层次即从资源配置角度来谈。于是，用几个月时间完成了《我的市场经济观：“换体”论》，为了避免误解，还特意加了副标题“——关于由计划经济向市场经济转型问题的探讨”。该文载入《我的市场经济观》一书下册，于1993年由江苏人民出版社出版。

《我的市场经济观：“换体”论》发表后，我感到这还只是一个“总纲”，“换体”中的一系列问题尚未展开。恰好，天津市“八五”社会科学重点科研课题“由计划经济向市场经济转型问题研究”下达，安排我担任课题组组长。基于我对课题难度的把握，遂组织了八人研究团队，请所内同事谢思全老师担任课题组副组长，周立群、高明华、赵智明、赵晓、李振江、张永强等几位青年研究人员和研究生参加。经过反复研究讨论和写作，1994年11月，专著《中国：“换体”的革命》在天津人民出版社出版。

在该书开篇，我就申明：本书“从‘体’‘用’关系角度研究资源配置方式问题”，提出“中国：正面临一场‘换体’的革命”（第一章标题）。全书共12章，系统阐述了中国“换体”的“革命”的若干理论和实践问题。

多年后，看到中央领导在阐述“社会主义制度自我完善”的同时，也讲“改革是新的伟大革命”，颇有感慨。改革确实是“新的伟大革命”。从资源配置角度研究，确实是一场“新的‘换体’的革命”。

我作如是观。

（五）2006年“第一场雪”：《力排两种干扰》遭非议

《中国：“换体”的革命》出版后的10年间，即1994—2004年，迈向社会主义市场经济的改革是在曲折中逐步推进的，尤其是在中共十五大之后，国有经济战略重组有所进展[①]。总的来说，改革趋势是对的，但2004年8月后体制转型领域出现了错综复杂的形势。

所谓“错综复杂”：一方面，在改革遇到困难的情况下，社会上滋生了一股超出“反思改革”和“部分纠错”的界限、实则“全面否定改革”的思潮，当时我认为有一种令人忧虑的“左”倾化倾向；另一方面，有些人曲解市场化改革的内涵，假借“市场化改革”的名义塞进个人及某些利益集团的私货，我把此称为一种败坏改革的“伪市场化”倾向。

针对上述两种倾向，我冒了一回“傻气”：在新华社《瞭望》周刊2006年第2期（1月12日）发表了一篇《力排两种干扰》的文章，力陈“应坚持社会主义市场经济的改革方向：排除否定改革的‘左’倾化和败坏改革的‘伪市场化’

① 当然，在安置下岗工人方面有深刻教训。常修泽、常欣、文宗瑜等：《所有制改革与创新——中国所有制结构改革40年》，广东经济出版社，2018，第14页、第65—66页、第405页。

两种干扰”。

这是一篇没有任何背景，完全是在个人调研的基础上冷静观察、独立思考，以自己的人本经济学为理论支撑撰写的文章。

文章观点虽然比较鲜明（甚至有朋友说有一点尖锐），但文气还是比较温和理性的。文中说：

“对改革不同方略的争论本是正常的，对改革中的问题也应该进行反思（而且反思改革不等于反对改革），但是，现在的问题是，借‘反思改革’来否定改革基本方向的倾向是确实存在的，有的传播怀念传统计划经济体制的言论和情绪，有的甚至想重建高度集权的经济体制。持这种观点的论者，虽然有些具体意见是值得重视的，其中某些合理成分也值得吸取，但是，贬斥社会主义市场经济体制改革的基本方向，力求重建高度集权的经济体制，这种思路是不能认同的。如果按照这样一种思路操作，则会使改革出现‘左’倾化的倾向，以致回到抹杀人的积极性和创造性的传统计划经济体制的老路上去。在承认‘以人为本’，并使人的主体性逐步得到尊重的中国，回归这条‘抹杀人的积极性和创造性的传统计划经济体制的老路’，老百姓能答应吗？”

这是其一，注意排除否定改革的“左”倾化倾向的干扰。

其二，注意排除败坏改革的“伪市场化”倾向的干扰。

文章写道：“与否定改革的‘左’倾化倾向相联系，现实生活中还存在着另一种倾向，有些人曲解市场化改革的科学内涵，假借‘市场化改革’的名义塞进个人以及某些利益集团的私货。这是一种败坏改革的‘伪市场化’倾向。这种倾向与党内和社会上腐败势力沆瀣一气，对社会造成极大的伤害。比如，在一些煤矿，如此众多的政府官员和国企经营者打着股份制的旗号实行‘官煤勾结’；在医疗卫生和教育领域，也出现种种假借改革的名义从中攫取私利的腐败问题。这是一种‘李鬼式’的‘假冒伪劣’改革，它使改革出现变形和异化，不仅给贬斥改革的论者提供了指责改革的口实，更重要的是，它背离了改革的初衷，违反了‘三个有利于’这一衡量改革得失成败的根本标准。对这种败坏改革的‘伪市场化’倾向尤其要排除之。”

这点出了老百姓对某些改革不满的原因：有人假借‘市场化改革’的名义，塞进个人以及某些利益集团的私货，在这里把矛头直指“某些利益集团”。

文章结论：“在这种复杂的形势面前，我们必须保持清醒的头脑，排除来自上述两方面的干扰，促进改革健康、稳步的发展。”

新华社《瞭望》周刊本就有不小影响，加上中新社迅速在北京发出关于最新一期《瞭望》周刊载文《力排两种干扰》的报道，使此文在海内外迅速传播开来。

没想到，这么一篇论文惹出了麻烦。从2006年1月中旬起，网上出现了批判此文的文章。一天，我正在武警医院门诊部输液，接到一位朋友的来电，转告我某报载文批判的消息。

我上网一看，不只是某报，还有来自其他方面的文章。有的文章比较客气，如《与常修泽教授讨论改革》；有的则有点火气，甚至说了“常修泽们”如何如何；还有的挖出我在2004年“郎顾之争”中为顾雏军执言的“前科底案”等事。

单位领导和好心的朋友也说我不该用“左”倾化的提法；云南一位学者朋友得悉后，利用出差机会到家里看望我，他说了两句话让我至今难忘：一句是“遭交叉火力”，另一句是“2006年第一场雪”。[①]

那段时间我“心病”与身病交加，不再上网，眼不见为净，爱说啥说啥吧。好在信息化时代，信息爆炸，热点问题来得快，去得也快，一个接另一个。半个多月后（2006年2月），周瑞金同志以“皇甫平”的笔名，发表了论述坚持改革大方向的文章，火力随之转移了过去。接着，春天刮起了一场更大的“沙尘暴”（所谓“西山会议”风波）。我遇到的“2006年第一场雪”，就这样飘了一阵雪花，茫茫然过去了。

虽然，“2006年第一场雪”过去了，但2006年之后，关于坚持“社会主义与市场经济相结合”“排除两种干扰”的命题并未完全解决。此后，针对本节开始提出的“媳妇”能否进“门”的问题我又继续探讨，发现虽然中央已经表明立场，但深究下去感到相当复杂。这里有三个层次的问题：

第一层次，让不让“媳妇”进“门”？这个命题似乎有说法了。

第二层次，进“门”后的“媳妇”是“真媳妇”还是

① 另外，在“第一场雪”中，两人还讨论了反腐可能“打开一缝上”和大量拨款马哲学院的研究效果问题。

"假媳妇"？进"门"后能否"登堂入室"？

第三层次，即便是"真媳妇"，她能不能"当家"？她是那个"掌权说了算"的"媳妇"，还是听命于"婆婆"的"小媳妇"？这也不由得使我想起《红楼梦》中的王熙凤，她倒是个"拿钥匙"的媳妇，而且潇潇洒洒。但即使是王熙凤，上面有贾母"太婆婆"，也有贾政、王夫人等"公公""婆婆"。"婆媳"关系究竟如何处理？

历史发展的规律是，根据生产力解放和发展的需要来确定经济体制和资源配置方式。强行把市场经济排除于经济社会形态发展过程，是一种逆经济社会发展必然进程的破坏性实践，是根本违背唯物主义历史观的错误认识。

（六）探索全面转型的《包容性改革论》出版，容也，不容？

"2006年第一场雪"事件使我认识到，即使实行"中道改革"（或者称"均衡性改革"），某些人依然不认为你"中道"，依然认为你"失衡"。这不是我的问题，是对方立足点的问题。不过，倒也提醒我应该从更广阔的视野来探讨问题。因此，在时隔7年后，于2013年探索完成了全面体制转型代表作《包容性改革论》。

为什么要提出《包容性改革论》？主要是从中国改革的战略角度提出的。我认为，在过去阶段的改革中，存在包容性胸怀不够、包容性制度不到位的问题。我们虽然排除了一些该排除的东西，但是，也排除了一些不该排除的东西，其中教训很深刻。而未来中国之改革，将面临崭新的而又复杂的格局。

在这个科技、生产力日新月异的时代，我们要怎样改革创新以适应先进生产力发展的经济形式和经济关系，实在没有什么现成的“定于一尊”的方式，采取包容性体制是一种现代经济发展创新的必然性要求。尤其是，中国不仅要寻求中国特色社会主义之“特”，而且要寻求人类命运共同体之“共”，更难的是，要寻求“特”与“共”的结合。这是中国从未遇到的新情况，需要有大的格局。①《包容性改革论》正是在这种背景下，于2013年10月（中共十八届三中全会前），由经济科学出版社出版的著作。

↑《包容性改革论》（2013年）

该书的题记如下：

海纳百川
因为海有博大的胸怀
壁立千仞

① 概括地说，是基于实践对理论的需要（甚至是一种渴求），而这种“渴求”还是多层次的。主要是三个层次：第一层次是中国（大陆）改革，第二层次是两岸整合，第三层次是世界文明的“融博”（“融”是融合，“博”是博弈，“融博”一词是我的组合）。《包容性改革论》就是对三个层次格局思考，特别是在对中国改革现实思考的基础上，花了几年工夫“磨”出来的。

因为璧有擎天的境界

21世纪的文明史
将昭示一条规律
包容性体制
总体优越于排斥性体制

值此中国全方位改革开启之际
谨以这部《包容性改革论》
献给所有
关心中国改革前途和命运的人们

根据问题导向精神，书中对改革提出了三个值得重视的问题：

第一，在改革的理念上，“唯我独尊”问题。

第二，在改革的体制基调上，“胸襟狭窄”问题。

第三，在改革的运作上，“剑走偏锋”问题。

这三点，既有对已经出现问题的指向，也有对潜在问题的预测和隐忧。

书中明确提出包容性思想（而不是“唯我独尊”）、包容性制度（而不是“胸襟狭窄”）、包容性运作（而不是“剑走偏锋”），此乃是《包容性改革论》的三大要义。

其中，“第二要义——包容性制度”，按“五环式”改革的思路，具体化为以下五个目标：

经济改革：寻求“公正的深度市场化”的经济体制；

社会改革：寻求“各阶层社会共生”的社会体制；

政治改革：寻求“最大政治公约数”的政治体制；

文化改革：寻求“多元文明交融”的文化体制；

生态体制改革：寻求“天地人产权”基础上的环资制度。

起初，该书只有一个正标题——包容性改革论，朋友和出版社出于新阶段全面改革的战略考虑，建议加个副标题——中国新阶段全面改革的新思维，更显“大气”。

该书出版不久，恰逢2013年11月中共十八届三中全会作出全面深化改革的决定，有关单位（北京大学、中国人民大学培训机构）将该书作为学术参考读物之一。

半年之后，《包容性改革论》引发关注。理论界学者首先发声。除比较了解我学术思想的前辈学者张卓元先生、高尚全先生分别在《人民日报》（2014年3月24日）理论版和《经济参考报》（2014年4月30日）思想·读书版发表点评外，中国人民大学奚广庆教授、国家行政学院经济学部原主任张占斌教授、天津师范大学李家祥教授等也陆续发表学术评论，尽管角度不同，但总体上肯定此书中的“全面转型新思维”及其学术价值。[①]云南昆明企业界牛彦先生

① 《中国经济导报》2014年5月12日曾在《学界关注新著〈包容性改革论〉》一文报道：中国经济体制改革研究会会长高尚全表示，常修泽对中国改革新阶段的定位、定性是有前瞻性的。“包容性体制总体优越于排斥性体制”的思维，在书中不只是一个理念，而是贯穿于经济、政治、社会、文化和生态环境制度“五环式”改革中的。中国社科院经济研究所研究员张卓元认为，这本书“视野开阔、理论扎实、观点新颖、可操作性强”，提出了一些有新意的观点，比如在社会公平和市场化“两个鸡蛋上跳舞”、政治改革“寻求最大政治公约数”，并且针对未来中国中长期全面改革可能出现的问题，给出了深刻而务实的回答。教育部社会科学司原司长、中国人民大学奚广庆教授认为，该书是为十八届三中全会时代性决定所做的一个适时深刻的思想铺垫和理论支撑。

还特别指出该书第309—310页，肯定这段千字文的“论断并列笔法”——“应从多样性人类文明中提炼出‘新普世文明’”。

特别是，解放日报社主办的《报刊文摘》在头版头条转载了书中提出的“社会共生”理论，并以“社会共生”三句话作为通栏标题：“穷人不能再穷，富人不必出走，中产必须扩大”，一时在社会上引起较大反响。母校南开大学校长龚克教授在看了有关评论后，还特意邀请我回母校给师生作《包容性改革论》的学术报告。

在获得理论界学者支持的同时，《包容性改革论》也遭到某些人士的批判。在南开大学讲学期间，经济研究所的忘年交徐振方教授给我一篇他从网上下载的批判文章，题为《〈包容性改革论〉是什么货色？》，文章列了《包容性改革论》的“十二大问题”，并扣了一顶大帽子——宣扬“阶级调和论”。我感到，世人受阶级斗争为纲的理论影响太深了。我在此书中提出“社会共生”，就是想“调和”一下，只可惜能力不足，尚没有“调和”到“社会共生”的境界。

不久，针对我提出的“包容国有与民营”①和“国有与民营都该看成共和国的‘亲儿子’”②的观点，批判者再发文章《“私生子”岂能冒充共和国的亲儿子？》，咄咄逼人。博士生们鼓动我回应，我说：“别的且不说，仅从文章

① 常修泽：《包容性改革论——中国新阶段全面改革的新思维》，经济科学出版社，2013，第190页。

② 常修泽：《国有与民营都该看成共和国的“亲儿子”》，《北京青年报》2003年11月22日。

标题看逻辑就不通，请问，哪个‘私生子’不是他爹的亲儿子？还用得着‘冒充’吗？”

体制转型，探讨40年：争论不断，“步履维艰”。

牢记邓小平同志的话：“不争论。”[①]

二 开放样式转型：从“试管婴儿”到“四沿”开放和“破垄”主张

与体制转型紧密联系的是由封闭走向开放的问题。改革与开放如“鸟之两翼”“一体两面”。不过，我在这个方面的探讨，重点不是放在要不要由封闭走向开放，而是如何开放，或者说“开放样式”问题。对此，40年来结合体制改革研究，做了番“开放样式”的探索。

（一）深圳经济特区调查：“试管婴儿”是这样产生的

这事需从深圳说起。2018年我主笔的《所有制改革与创新——中国所有制结构改革40年》一书曾对深圳经济特区的产生和发展做了简要叙述。其中，有一件事影响后世：1979年1月31日，香港招商局常务副董事长袁庚先生向中共中央领导人汇报时提出一个构想，拟在深圳圈一块地方由香港招

① 邓小平：《邓小平文选》第3卷，人民出版社，1993，第374页。

商局成片开发，中央领导人当即拍板同意。于是蛇口工业区开始创办。[①]没想到，蛇口工业区后来与我产生关联。

1984年春节前，邓小平同志到深圳考察并题词：深圳的发展和经验证明，我们建立经济特区的政策是正确的。春节过后的3月，谷书堂老师带着我到深圳调查，并安排我重点调查蛇口的体制。我在调研中发现：蛇口在政治上实行社会主义制度，但在经济运行模式上，采取类似于香港的市场经济模式，是社会主义制度与香港市场经济模式相结合的一个试验。

随后，我写了一篇调查报告——《蛇口工业区开发建设的基本经验及其启示》，第一句为“在社会主义的国土上开办经济特区，这在历史上是前所未有的”[②]。紧接着，我引用了一段列宁的话。如同六十二年前（当时1984年所说）列宁说的那样，“没有一本书提到共产主义制度下的国家资本主义（我理解类似社会主义制度下的商品经济），连马克思对这一点也只字不提，没有留下一段可以引证的确切的文字和无可反驳的指示就去世了。因此现在我们必须自己来找出路”。[③]

当时我很兴奋，就在深圳蛇口找到出路了。我写道：

---

① 常修泽、常欣、文宗瑜等：《所有制改革与创新——中国所有制结构改革40年》，广东经济出版社，2018，第245页。

② 常修泽：《蛇口工业区开发建设的基本经验及其启示》，载谷书堂主编，杨玉川、常修泽副主编《深圳经济特区调查和经济开发区研究》，南开大学出版社，1984，第12页。

③ 列宁：《列宁选集》第4卷，人民出版社，1972，第626页。列宁这段话最初收入《深圳经济特区调查和经济开发区研究》一书中。

"中国共产党十一届三中全会之后，我们开始摸索、寻找创办经济特区的路子，进行了若干区域性试验，深圳经济特区蛇口工业区就是创办比较早而且比较成功的一个。"[①]在这里，我把蛇口工业区看成是社会主义制度与商品经济相结合的"试管婴儿"。

从蛇口工业区得到的启示是深刻的。我们国家经济体制的模式是什么？我认为，就应该像蛇口这个"试管婴儿"一样，走社会主义制度与商品经济相结合之路。

本书第一章曾写过具有重要意义的1984年9月莫干山会议，我就是带着这篇论文"上山"的，并在对外开放组讲了蛇口工业区的试验。莫干山会议闭幕后，1984年9月28日，《经济日报》在《探讨经济改革中的理论问题——中青年经济科学工作者学术讨论会论文摘登》专版，以《从蛇口工业区的开发得到的启示》为题刊登了这篇论文。[②]

深圳人民的改革实践给了我思想的营养，蛇口工业区的开发试验把我推上了莫干山。因此，对深圳、对蛇口，我一直存有感恩之情。

① 常修泽：《蛇口工业区开发建设的基本经验及其启示》，载谷书堂主编，杨玉川、常修泽副主编《深圳经济特区调查和经济开发区研究》，南开大学出版社，1984，第12页。

② 据我所知，《经济日报》的《探讨经济改革中的理论问题——中青年经济科学工作者学术讨论会论文摘登》，共出了五个专版，十八篇文章。这篇《从蛇口工业区的开发得到的启示》是第二个专版的第一篇文章。文章题目有所简练，列宁那段颇有思想的关于"马克思对这一点也只字不提"的话，文章发表时报社做了处理。

（二）1988年：首提“四沿”开放战略

莫干山会议举办后三年，我一直是持“沿海开放论”观点的。参加上海经济发展战略咨询以及参与天津开发区的方案设计，我也是以“沿海开放战略”为基点的。但1987年的西部调查，使我认识到问题的复杂性。①

复杂性在哪里？在深入西部省区调查研究的过程中，得出新的看法：如果单纯实行沿海地区对外开放战略，有可能形成外向型的沿海经济和内向型的内地经济不协调的局面。这不仅在经济上，而且在政治上、地域上会产生不良后果。为了避免由于东西部发展的不平衡而可能使中国陷入新的“二元经济结构”的境地，我和研究生戈晓宇提出了“四沿（沿海、沿江、沿边、沿线）——渗透型”开放战略②。

1988年5月4日，新华社内参《国内动态清样》以《常修泽等建议实行“四沿——渗透型”开放战略》为题刊发研究报告要点（新华社驻天津记者杨继绳报道），报中央有关领导参阅。

继之，新华社《瞭望》周刊于5月23日对此做了专题报道，称这一战略构想对中央的沿海开放战略“提出了一些重

---

① 第一章曾讲过1987年“中国东西部中青年对话会”后，由我带队到仡佬族村寨做了实地考察。就是在那个仡佬族村寨，使我强烈感受到：中国只搞沿海开放战略是不行的，必须要有避免东西板块碰撞的新战略。这是我随后1988年提出“四沿（沿海、沿江、沿边、沿线）——渗透型”开放战略的最初来源。

② 该战略主张“四沿联动，重点渗透，东西兼顾，多元开放”。常修泽、戈晓宇：《论“四沿——渗透型”开放战略》，《改革与战略》1988年第4期。

要的补充和修正意见”。[1]

“四沿”开放战略提出后所引起的反响超出我的预想。除国内诸多媒体转载《瞭望》周刊5月23日的专题报道外，《改革与战略》杂志（双月刊）1988年第4期刊发了这一战略构想的全文——《论“四沿——渗透型”开放战略》。亚洲的一些报刊也予以报道。当时苏联科学院远东研究所专家阅后，曾给南开大学校长写信，对“四沿”开放战略给予赞扬和支持。几年后，这一战略构想被吸收到国家“全方位开放格局”的战略部署中。

（三）领域开放：“点穴式”的“结构性破垄论”

1992年10月，中共十四大召开。十四大报告明确提出了“对外开放的地域要扩大，形成多层次、多渠道、全方位开放的格局”。中共十四大召开后不久，在国务院研究室组织的“奔向21世纪的行动纲领——十四大报告录像辅导讲座”中，我曾做了这个专题的录像讲座，报告题目为《我国扩大对外开放的总体态势分析》。

在此讲中，我不仅讲了区域方面的“四沿”开放战略，而且讲了领域开放问题。我讲道：前些年我们利用外资主要集中在制造业领域，新阶段利用外资领域应该有所拓展。报告提出了制造业以外的四大产业领域：（1）基础设施产

① 杨继绳：《天津两学人常修泽、戈晓宇提出：四沿渗透、多元开放战略》，《瞭望》1988年第21期。

业领域；（2）零售商业和旅游业领域；（3）金融（包括保险）领域；（4）房地产产业领域。此报告引起社科界重视，《天津社会科学》于1993年第1期刊发。

中国加入WTO以后，为适应开放的新形势，对产业领域的扩大开放研究聚焦在垄断性行业。2006年我承担了国家发改委经济研究所2006—2007年度基础课题“中国垄断性行业深化改革研究”。课题报告指出：“中国入世对部分行业开放是有承诺的。下一步参与经济全球化进程，面临提高产业竞争力的挑战，这种挑战，将倒逼垄断性行业深化改革。”

这个研究报告共四大部分，两万余字，先在中央党校内部刊物《理论动态》2008年8月刊发，后公开发表在《宏观经济研究》2008年第9期[①]。这项研究表明，加入WTO以后，中国对外开放的“战车”必将开到垄断性行业的“城下”，并将触及垄断性行业一系列深层的“权能”问题。

这意味着，中国的对外开放不但应扩大到“地域”而且应扩大到“领域”。在“开放的大门越开越大”的背景下，如何寻求国家经济安全与对外开放的平衡点呢？尤其是在垄断性行业的改革开放，如何把握平衡点？从2008年到2013年，经过几年研究，形成了我的“结构性破垄论”。2013年在《给三中全会全面改革方案的四点框架性意见》中，建议国家采取“结构性破垄”方略，实行“三不破、三破”：

（1）对“真正的”自然垄断性环节，可暂时不破垄［但要实行一定范围的“争夺市场的竞争方式（competition

① 常修泽：《中国垄断性行业深化改革研究》，《宏观经济研究》2008年第9期。

for the market）”］；而对过时的、假冒的所谓“自然垄断”和垄断性行业中的竞争环节，要坚决破垄。

（2）对法令性的垄断（如烟草），可不破垄；但对不合理的行政垄断（存在不少），要坚决破垄。

（3）对竞争基础上形成的产业集中，不应破垄，还应进一步加强，以提高中国产业的国际竞争力；但对阻碍和限制竞争的经济性垄断（厂商串谋、寡头垄断）等，应坚决破垄。

该文完成后，首先于2013年6月10日中改院在北京召开的“改革攻坚的行动路线”研讨会上阐述主要观点。会后，国家发改委经济研究所《经济决策参考》和中国体改研究会《改革内参》先后刊载，并由有关部门上报国务院领导参阅。[①]2013年8月下旬，中共中央政治局作出11月召开十八届三中全会的决定之际，香港《经济导报》第17期全文刊登[②]，接着该文又在内地产生较大影响。

2013年11月召开的中共十八届三中全会通过《中共中央关于全面深化改革若干重大问题的决定》，对垄断性行业改革作出了重要部署。看到这些十八大报告中没有、十八届三中全会增添的新内容，感到十分亲切。

中国改革开放的“战车”终于开到垄断性行业的“城下”了。

这不是被动的开放，而是按照中国改革的内在逻辑，主

① 常修泽：《包容性改革论——中国新阶段全面改革的新思维》，经济科学出版社，2013，第497页。

② 常修泽：《给三中全会全面改革方案的四点框架性意见》，《经济导报》2003年第17期。

动的开放。

（四）在欧洲思想实验室讨论：全球化中“中国扮演何种角色？”

2015年2月，应欧洲政策研究中心（CEPS）的邀请，由中改院院长迟福林领队，我和张蕴岭教授等一行前往比利时布鲁塞尔，出席该中心举办的“2015欧洲思想实验室年会”。

“欧洲思想实验室”是欧洲43个国家共同参与的思想盛会。与我相关的平行会议，一是跨太平洋伙伴关系协定（TPP）和跨大西洋贸易与投资伙伴关系协定（TTIP）：中国扮演何种角色。二是中国“十三五”规划：走向创新市场领导者。根据研究分工，后者由我来讲。我发言的题目是《“十三五”建议：用“人本”思想推进中国经济结构转型》[①]。

第一个平行会议，属于世界经济学术领域，张蕴岭教授等中国学者作主旨发言。我虽然没有发言，但也参与了讨论，促使我从中国与世界两个层面进行思考。

从世界经济层面分析，中国扮演何种角色？我认为应该进行实事求是的分析。我曾看过国家发改委宏观经济研究院原常务副院长林兆木先生的《中美经济实力比较》，并铭记于心。无论如何，中国是一个发展中国家，在此基点上建立

① 此发言的基本观点在第三章第四节已经讲过，此处从略。

自己的战略和策略，绝不能讲“泡沫故事”。

关键是做好自己的事情，特别是适应全球化的趋势，按照加入WTO的承诺，推进中国自身的改革。

记得2001年中国加入WTO后不久，我在承担的重点课题成果《建立比较完善的社会主义市场经济体制若干重要问题研究》[①]第一专题写道，改革“不仅依靠国内‘内生’的改革力量，而且要学会利用外部由于加入WTO所引发的开放倒逼的力量”[②]。

2013年我在《第四波开放倒逼改革的浪潮》中说，新形势下的经济全球化从宏观角度分析，倒逼改革，至少有三个涟漪圈。[③]

第一圈，直接涟漪圈，倒逼外资外贸领域的改革。

第二圈，大一些的涟漪圈，涉及重要经济监管制度，倒逼经济领域改革。其中有几条倒逼力度很大：贸易和服务自由（禁止各种门槛）、货币自由兑换（禁止操纵）、税制公平（禁止补贴）、国企改革（裁判员与运动员分离）、保护劳工权益（禁止把人当机器）、保护知识产权（保护原创、反对假冒）、保护环境资源（制止污染）等。在2013年《瞭望中国》杂志发表的文章中，我将其归纳为五个问题：

一是知识产权保护问题；

二是劳工权益问题；

---

① 为中共十六大报告起草工作提供的内部研究报告。

② 常修泽：《建立比较完善的社会主义市场经济体制若干重要问题研究》，《改革》2002年第4期。

③ 常修泽：《第四波开放倒逼改革的浪潮》，《瞭望中国》2013年第10期。

三是环境保护问题；

四是政府采购问题；

五是国有企业公平竞争问题；等等。

第三圈，更大的涟漪圈，倒逼“五环式”改革。包括经济、政治、社会、文化、生态环境制度改革。

对外，务实建设者；对内，坚定改革者——这就是我的“中国角色”观。

三 发展样式转型：中国“凤凰”如何在“痛苦煎熬”中涅槃？

（一）刨根问底：《关于先进生产力的内涵、特征及发展规律性研究》

20世纪90年代中期，由于调入国家计委宏观经济研究机构，逼得我对关于转型问题的研究，由过去重点关注改革方面的体制转型转向改革与发展两个方面的转型。而发展样式转型对我来说是个新课题。

2001年前后，我参与了“新世纪国家经济发展战略”和“关于先进生产力问题的研究”两个重大课题的研究。当时，江泽民同志刚刚提出“三个代表”重要思想的论述，其中第一点，就是代表先进生产力的发展要求。

我没有盲目跟从，而是“刨根问底”，且持续追问：所谓“先进生产力”，它的基本内涵是什么？“先进生产力”

到底有哪些基本特征？最重要的是，“先进生产力”在发展中有哪些规律性的东西？既然要“代表先进生产力的发展要求”，那么，它向我们提出什么内在要求？

经过潜心研究，在林兆木先生的指导下，于2002年初，我完成了《关于先进生产力的内涵、特征及发展规律性研究》。研究报告包括三部分：（1）先进生产力的内涵及其时代性；（2）先进生产力的基本特征；（3）先进生产力发展的若干规律。

在这一专题报告中，我尝试性地提出了自己对五条规律性问题的认识：（1）科学发明—技术创新—产业化推进，是先进生产力发展的基本路径；（2）量变—部分质变—根本质变（突变），是先进生产力取代落后生产力的运行方式；（3）开拓新产业和改造传统产业，是先进生产力向整个社会生产领域“挺进”的两条主要战线；（4）局部发达地区创造—向国内更大范围扩散—向不发达国家和地区转移，是先进生产力发展的空间运动规律；（5）在特定的历史条件下，“不排除”利用后发的某些有利条件，利用先进生产力的创新力，来促进某一产业乃至社会生产力的“跨越式”发展。在这五条中，科学发明、技术创新是基础性的东西。[①]

此报告作为国家发改委“关于先进生产力问题系列研究”的第一专题报告，提供给中共十六大报告有关起草工作

① 2002年3月此报告载于《关于先进生产力研究报告汇集》（内部资料），四年后公开发表在《科学决策》上。常修泽：《先进生产力的内涵、特征及发展规律》，《科学决策》2006年第2期。

参考，之后此系列研究获国家发改委优秀科研成果一等奖。

关于先进生产力问题的研究，引发了我对“三个代表”重要思想的兴趣。我认为，这个理论是中国共产党“转型”、试图走向“现代政党”的一个初级状态的标志，这是一种“应然”目标，而不意味着“实然”状态。这个理论取向是社会主义建设中必须解决的历史课题。

这是题外的话，但与中国发展样式转型有内在关系。

（二）“不列颠”是什么意思？在伦敦讲“世界多样性中的中国发展”

2007年11月下旬，应英国外交部及驻华机构的邀请，我和迟福林教授（到会上发现还有中央党校副校长李君如、周天勇教授等）参加了“中国经济发展及其影响”国际学术会议。会议在伦敦附近的威尔顿庄园会议中心（一座古堡）举行。我应邀在会上作了关于“世界多样性中的中国发展”学术报告。

报告开始我就脱稿从威尔顿庄园说起：“会前，会议中心的主人告诉我，这个庄园——威尔顿庄园有450多年的历史。这使我联想起当时英国的一位女王——伊丽莎白一世女王。在我的心目中，这是一位视江山社稷至尊至上的女王。为了避免因政治联姻而可能伤及国家利益，这位女王终身未嫁。1603年，年届80岁时与世长辞。这位高贵的女人孤独地走完了自己的一生，但她身后却留下了一个强大的英国。37年后，1640年，人类历史上第一次资产阶级革命在英国爆发。这不仅是英国的进步，也是人类共同的文明。”

然后，就“人类文明”话题，我就地取材，从英国的国名——大不列颠及北爱尔兰联合王国谈起。我问：“不列颠”是什么意思？接着自答：我年轻的时候曾问过别人，后来追根溯源，弄明白“不列颠”是“杂色、多彩”的意思。“不列颠”就是“多彩化”。今天，我们在此讨论发展问题，人类发展又何尝不是“多彩化”的呢？

我说，来英国之前，我完成了一份研究报告，开篇写道：“人类在通往现代化的道路上，发展模式是可以多样化的，这是一种‘历史的多样性’。有中国特点的发展样式是人类文明多样性中的一种。”

在这个问题上，我持有自己的看法。我认为，在同一种“术语”下，有两种不同内涵的“中国模式”论。

一种是，各美其美，与世界其他发展模式共存共荣的“中国模式”。它属于人类文明多样性中的一种。我认为“有中国特点的发展模式”是客观存在的（不能认为这是个“伪命题”），既然存在历史的多样性，既然“人类在通往现代化的道路上发展模式是可以多样化的”，那么，是不是可以有中国“这一样”呢？是可以的。“这一样”的发展文明不仅可以与人类其他文明“各美其美”，而且可以与人类共同文明“美美与共”。

另一种是，唯我独美，甚至自我标榜为“世界楷模”的所谓“中国模式”。这是一种偏“左”的所谓“中国模式”观，它以传统的计划经济和集权理论及其变种为基础，是与人类共同文明格格不入的，然而却虚幻地想以此作为“世界发展样板”。对这种自我吹嘘、让世界向我“看齐”的所谓“中国模式论”，我是不认同的。

为了与上述所谓“中国模式论”相区别，我有时干脆不使用“中国发展模式”而特意使用“中国经济发展样式”的用语，并表明，这里用的“发展样式”或“发展模式”一词，是指一种“实践状态”，一种“存在型式”，并不包含“普世楷模”的意涵。[①]

回到讲演。在讲了“有中国特点的发展模式是人类文明多样性中的一种”之后，就中国经济发展的几个特点、内在主要支撑及其影响，谈了自己看法。

对于中国经济发展的特点，我紧紧抓住中国同时兼有“发展中国家＋转型国家＋社会主义国家”这三重属性，强调中国实行的社会主义不同于苏联的那种传统社会主义。无论在所有制问题上，还是在调节机制问题上，都有自己的特色。这种新的社会主义市场经济体制模式，在全世界190多个国家和经济体中，是有自己特点的。

最后，在互动环节，回答了与会嘉宾提出的中国与世界经济相关的几个问题，包括关于准确把握中国经济水平问题、关于中国的资源环境问题、关于中国经济与欧美经济的关系问题、关于中非经济合作问题等，既讲中国的成绩，又讲中国的问题（指出中国人均GDP水平很低，与那时英国人均GDP近4万美元相比，还有相当大的距离，等等）。

我的这个坦率理性的报告，获得与会学者的好评和尊

---

① 常修泽：《中国经济发展模式转型提升论》，《中共中央党校学报》2010年第4期。

重。会议结束时，英方主持人让我代表中方学者讲话。回国后，这个报告先在国家发改委经济研究所《经济决策参考》加按语刊登，后于2008年8月19日在中国改革论坛网公开发表。

（三）呼唤“凤凰涅槃”：唤出《中国经济发展模式转型提升论》

我在英国的报告在《经济决策参考》和中国改革论坛网发出后，引起了中央有关部门的重视。2008年，中共中央组织部从“世界主要政党比较研究”的大格局考虑，组织了大型系列性的研究项目——“当今世界主要发展模式比较研究”。其中一个子项目“中国经济发展模式研究”，作为重点调研课题下达给国家发改委经济研究所，责成我来承担（我请了本所青年研究人员相伟同志协助）。

接受任务后，我告诉所里，我们不搞“歌功颂德”式的宣传，而是扎扎实实地探讨问题。虽然中国经济发展模式是存在的，但迄今为止，这样一种样式又是初级的、有缺陷的，应该“转型升级”。

于是，经过一年研究，我在中共中央组织部下达的课题题目上加了四个字——“转型升级”，即“中国经济发展模式转型升级研究”，重点阐述：中国经济发展为何必须转型升级？转型升级的目标如何确定？特别是如何转型升级？报告完成后，以国家发改委经济研究所课题组的名义上报中共中央组织部。“转型升级”反倒更受重视。2009年，该课题成果获中共中央组织部重点调研课题成果一等奖。

报告上报并获奖后，我并未就此止步，主要是因为对“中国经济发展模式的缺陷”的分析不够透彻。于是，运用我的新著《人本体制论》（2008年）和《广义产权论》（2009年），从新的角度对中国经济发展模式的缺陷，特别是如何转型升级进行了探讨，完成了一篇更有理论深度的论文《中国经济发展模式转型提升论》（以下简称《转型提升论》），呼唤“凤凰涅槃”。

作为《转型提升论》的立论基础，基于当时存在的状况，剖析了中国经济发展模式存在的若干缺陷。

在人的发展问题上，仍属于“低端人本”（《人本体制论》用语），表现为：

——在生存方面，到2009年为止，中国存在为数几千万的农村贫困人口，还有数千万城市居民处于最低生活保障线之下。在国民收入分配结构方面，与人直接有关的“两个比重”，即劳动者报酬在国民收入初次分配中的比重和居民可支配收入在国民收入分配中的份额，一度呈下降趋势，仍不合理。

——在自尊方面，联合国《人类发展报告》公布的2007年数据显示，中国人类发展指数为0.772，排名世界第92。如何“让人民生活得更有尊严”的命题还没有完全破题。

——在自由方面，在保障人民群众的知情权、参与权、表达权、监督权方面，还有不少待完善之处。

此外，在工业化、市场化、城镇化，特别是国际化方面，一些关键环节和重点领域仍然滞后，存在“短板”。即使是中国引为自豪的劳动力成本这一传统优势也在面临严峻挑战。

结论：无论是在核心层面，还是在战略层面；无论是在结构层面，还是在体制层面，都还存在一些深层的矛盾和问题。下一步历史性的转型升级，主张聚焦四个层面：一是核心层，由“低端人本”向“高端人本”；二是战略层，实行绿色革命和创新革命；三是结构层，寻求内外、产业、区域、城乡四大协调；四是基础体制层，由单一经济转轨向经济、政治、社会、文化和生态环境“五环式”改革。①

这篇“万言书”在《中共中央党校学报》2010年第4期全文发表。《人民日报》理论版2010年11月26日以《中国经济转型提升的方向》为题在显著位置摘发此文。

中国确实需要《转型提升论》。

（四）2009年：“第三波转型论”引争鸣

2009年，上述呼唤“凤凰涅槃”的课题成果获中央组织部重点调研课题成果一等奖，进一步激发了我从更大视野和更高层次研究中国“全方位转型”的兴趣。

经过分析研究，2009年11月1日，在中改院举办的海南国际论坛上，我作了“中国面临‘第三波转型’”的报告。该报告从中国现代史的近百年视野，探索性地提出了中国

① 常修泽：《中国经济发展模式转型提升论》，《中共中央党校学报》2010年第4期。

"第三波转型论"[①]。

我是从近百年的中国现代史讲起的，摘录几段如下：

中国的现代史是从1919年"五四"运动开始的。[②]过去我们有过两次转型。第一次是社会制度转型，由半殖民地半封建社会转为新民主主义社会。新中国成立，标志着中国人民站起来了。我认为，"站"是站起来了，但还有怎么站和怎么站好的问题。虽然，《共同纲领》[③]是个闪光的纲领，里面提到中国建设新民主主义社会，但是非常可惜，我们并没有认真地执行。新民主主义社会对中国来说只是历史上的

2003年起担任中改院与东北大学"转轨经济理论方向"博士生导师。图为开班合影（2004年）。第一排从左至右：巴曙松教授、常修泽教授、迟福林教授、赫冀成校长、樊纲教授、孙立平教授、殷仲义教授

① 第一波转型，社会制度转型；第二波转型，经济体制转型；第三波转型，未来中国"全方位转型"。

② 关于中国近现代时期的分界，学界有不同的观点。1919年"五四"运动是新民主主义革命的开端，该处以此作为进入中国现代史的标志。

③ 即《中国人民政治协商会议共同纲领》。

一颗“流星”，在人类历史上也是一颗“流星”，很快就划过了。这里有很多经验教训值得总结。

第二次转型是从1978年开始的。我将它定位为“经济体制转型”。目前（2009年11月），新的体制框架雏形已经建立，但是第二波转型的任务远远没有完成，还在攻坚过程中。

现在的问题是，站在新的历史起点上，我认为应该着眼于新的时代来研究中国下一波的转型，也就是第三波转型，就是全方位、综合的发展转型。我是从人类文明的角度来探讨这个问题的。

此观点在海南国际论坛提出后，在海内外引起较大反响。《北京日报》迅速做出反应——2010年1月4日，在该报纸理论版刊发了我的个人署名文章《中国面临第三波转型》。

不料，这篇文章发表后引起争议。赞成者有之，质疑者也有之。质疑点主要是：中国现代史90年的转型，为什么不提新中国“前30年”？为什么说新民主主义社会对中国来说只是历史上的一颗“流星”？为什么说，1956年后中国堕入“斯大林模式”？……文章后面的留言很多，读者与作者之间，读者与读者之间，争论都很激烈。

在这种激烈争论的背景下，新华社《经济参考报》理论部主任田如柱先生对我做了长篇访谈，2010年3月12日以《中国正面临第三波历史大转型》为题，用整版刊出访谈内容。

这篇长篇访谈录包括六大部分，重点放在“第三波转型由哪里转到哪里？”以及“转型的理念与方略”。

"从更大的视野、更高的层次思考中国转型的问题，下一波转型，就是第三波转型，应该转哪里呢？"对此，我在访谈中指出三条。

第一，由边缘到前沿。中国现在虽然站起来了，但还是站在世界的边缘上。"下一步中国应该由边缘向前沿转移，这是中华民族复兴的期待。"

第二，由隔阂到融合。中华文明和世界上其他先进文明之间现在有隔阂。中国的文明应该和世界其他先进文明逐步地交融，虽然现在还很难融合到一起，但是应该通过交融，最终达到"融合"。

第三，由不可持续到可持续。这是对文明的一种期待。概括总结，就是24字：

告别边缘，
告别隔阂。
走向复兴，
走向融合。
兴而不肆，
融而不阿。

"兴而不肆，融而不阿"是说，中国要"兴"，但是不应该放肆、傲慢，尤其不能够独霸天下；要"融"，但不要阿谀逢迎、低三下四。要不卑不亢，共同打造人类文明。[①]

这篇访谈录深入挖掘了我写《中国正面临第三波历史大转型》的心路历程，触及了一些深层问题。

此文再引争论。如有人说，从1978年到2010年，只有短短30多年，能够说得上是“第二波历史大转型”吗？等等。还有更多的支持者，除内地多家媒体转载外，香港《文汇报》2010年9月16日在“中共十七届五中全会背景分析”中，对此观点也进行了重点报道。从此，“第三波转型”开始在舆论界传播。[②]

（五）人本、绿色、创新、协调、改革：五年后“三同两异”

既然中国“第三波转型”即将开始，那么发展转型方略是什么？或者说，应该具有什么样的转型发展理念？

当时我正在研究国家“十二五”经济社会发展战略。在此期间，我于2009年11月完成了研究报告《人本、绿色、创新、协调——新阶段中国发展基本方略探讨》，提出了八字方略。

这篇报告，先刊发在国家发改委经济研究所内部刊物

① 在2009年海南国际论坛上我讲道，“兴而不肆”，振兴之后不放肆、不傲慢，更不称霸于世。在融合的过程中，“融而不阿”，我们也不要卑下，不要阿谀，要刚正不阿。“体”——堂堂正正地做一个新兴经济体；“人”——堂堂正正地做一个新兴经济体的国民。这是新兴经济体国家国民应该有的心态。

② 2015年出版的《人本型结构论》第一章导论的“相关链接”，链接的就是《中国正面临第三波历史大转型》，感兴趣的读者可阅读此书或者上网搜索。

《经济决策参考》（2009年11月10日），上报国家发改委及中央有关部门。3个月后，2010年2月10日，报告在中共中央党校主办的《理论动态》杂志上刊载。[①]

2009年提出的发展转型方略，是我以30年研究《人本体制论》和《广义产权论》，并将其运用于发展问题的结晶。如，“人本”，我认为一个国家发展最根本的决定性的“现代化”，是“人的现代化”，系《人本体制论》在此的运用；再如，“绿色”，关键是建立生态环境制度，系我的《广义产权论》之“环境产权”理论的具体应用；至于“创新”，也用了《广义产权论》中知识产权和技术产权并使之资本化的理论。[②]

研究报告的最后提出“根本在于体制支撑”，为此，专门写了“改革”。

报告提出的人本、绿色、创新、协调，和后面加上的改革，组成五个发展转型方略。2010年3月12日公开发表的《中国正面临第三波历史大转型》，按照顺序将人本、绿色、创新、协调、改革一一列标题展开。后来，发生了一个“海南船上论异同”的故事。

2015年10月29日，《中国共产党第十八届中央委员会第五次全体会议公报》发布，其中提出“创新、协调、绿色、开放、共享”五大发展理念。当时我正在海南，当晚就有一

① 常修泽：《人本、绿色、创新、协调——新阶段中国发展基本方略探讨》，《理论动态》2010年第4期。

② 常修泽等：《创新立国战略》，学习出版社、海南出版社，2013。几年后出版的这部专著系统阐述了创新立国的制度安排。

些博士生和朋友打来电话，说我几年前提出的五个发展转型方略与中央提出的五大发展理念“不谋而合”云云。

第二天，海南好友、清华大学博士朱东海（时任海南省科技厅副厅长兼知识产权局局长）邀请我与几位同在海南的博士在海口的船上茶叙。朱东海说，“我比较了一下：三个大同（创新、协调、绿色），两个小异（改革与开放，人本与共享）”。

我说：“作为探索者，大家所想的差不多，你想到的，别人也会想到。”然后，谈了三个不同。第一，提法不同：我是“改革”，它是“开放”；我是“人本”，它是“共享”。第二，顺序不同：我是“人本”打头，“改革”压轴；它是“创新”打头，“共享”压轴。第三，内涵不同：我的“创新”重点是聚焦技术创新，还应有理论创新……

“海南船上论异同”，论出了“中国最缺的还是理论创新”，此乃短板，是我原来五个发展转型方略没有触及的。

（六）转型争论无穷期：“大四新”“小四新”之争只是一例

2017年春，中央提出推进“新旧动能转换”，并让我的老家山东省摸索试验。这是符合我前面提到的“凤凰涅槃”思路的。但究竟怎样转换？心中没底，于是进行实地调查。[①]

我在调查中发现两个问题：（1）“新旧动能转换”没有主语，是什么的“新旧动能转换”没讲，似德彪西的“无标题音乐”。仔细打听，被告知是经济增长的“新旧动能转换”。（2）转换基本思路是新产业、新业态、新技术、新商业模式（我称为“小四新”）。进一步探究方知这一思路非地方所创，而是来自北京。

针对此，我写下了不同意见：第一，“新旧动能转换”应明确主语，主语不是1.0版的经济增长“新旧动能转换”，而应是2.0版的经济发展的“新旧动能转换”。第二，突破“小四新”思维，建议采用“大四新”，即新体制、新供给、新要素组合、新主体。[②]

“大四新”还是“小四新”？从2017年到2018年，争论了一年。2018年3月，国家发改委主管的《中国经济导报》在第一版刊登《常修泽：“大四新”是方向》。之后，2018年5月7日《人民日报》理论版《大家手笔》专栏用了一个比较温和而委婉的题目：《从更宏观的视角推进新旧动能转换》。我指出：“人们一般比较关注发展新产业、新业态、新技术、新商业模式。这‘小四新’对于新旧动能转换确实非常重要。但如果从更宏观的视角看，推进新旧动能转换还

① 2017年四次赴山东，调查了济南、威海、烟台，以及泰安的城阳县和我的家乡惠民县“田园综合体”等，后又到了先行地区广东、浙江等地考察。

② 我这里强调制度问题、要素市场化组合问题和创新的新主体问题，而把“小四新”中的新产业、新业态、新商业模式打包在“新供给”当中，新技术则放在“新要素组合”中。

应当关注‘大四新’，即加快形成新体制、新供给、新要素组合、新主体。”①

“大四新”“小四新”之争只是小小一例。这给予的启示：中国的要害不是“术”的问题，而是“道”的问题，即制度问题和人的问题。如果刻意回避制度问题、人的问题，或者说，只要这些“道”的问题不解决，发展转型中的争论仍会继续下去。

四　文明转型：由“文明隔阂”走向“文明融博”

“转型论”，除了前面三个转型，更深层的是文明转型。

在一些人看来，文明转型似乎与政治经济学没有多大关系，以致长期以来成为经济学界——从当年的苏联政治经济学界到今天的中国经济学界——所忽略的问题。其实，作为研究人类经济社会关系的科学，不能不研究文明转型问题。

进入21世纪，我即开始关注、思考并初步研究文明转型这一问题。

① 常修泽：《人力资本产权与“大四新”动能转换》，2019年7月10日，http://www.chinadevelopment.com.cn/zk/yw/2019/07/1535956.shtml。

（一）2009年国际论坛：主张由隔阂转向融合

“文明”一词，我接触得并不算晚。当年看《周易》时就见过“文明”二字（“见龙在田，天下文明”），后看史料得知，这是古籍中最早出现“文明”概念的记载。唐代孔颖达注疏《尚书》，将“文明”解释为“经天纬地曰文，照临四方曰明”。“经天纬地”可理解为改造自然，“照临四方”可理解为驱走愚昧。①

没想到，当年看到的“文明”二字，多年后竟用之于研究中国文明转型，而且由《尚书》的“经天纬地”联系到“经邦济世”的经济学。

经济学应该关注文明。

2001年“9·11”事件后，我读了美国学者塞缪尔·亨廷顿的《文明的冲突与世界秩序的重建》中译本，也读了哈拉尔德·米勒的《文明的共存——对塞缪尔·亨廷顿“文明冲突论”的批判》，以及中国学者的有关著作。出于兴趣，自己也对世界文明走势进行了初步学习和研究。

对亨廷顿“未来世界的冲突将是由文明间冲突引起的”观点，有兴趣，但也有怀疑。我写道：“当今，世界文明确有很大的差异性，或者说‘文明的隔阂’。正是文明隔阂的现实，引发了笔者的思考：能否由‘文明隔阂’走向多元基

① 常修泽：《包容性改革论——中国新阶段全面改革的新思维》，经济科学出版社，2013，第306页。该书第8章专门探讨文明转型问题。

础上的‘文明交融’？”[①]

“如果不是从绝对意义而是从相对性的角度来理解，人类的共同文明是存在的。如中国古典哲学讲的‘天人合一’‘和为贵’等，倡导人与自然、人与社会、人与人的和谐相处。这种价值适用于所有的人群，对此不能持虚无主义态度。”[②]

当然，“所有人群的共同文明”，不应只包含诸如“天人合一”“和为贵”等中华文明，也包含其他。在2008年出版的《人本体制论》明确指出：“民主、法制、自由、人权、平等、博爱，等等，不是资本主义特有的，是全世界在漫长的历史过程中共同形成的文明成果，也是人类共同追求的价值观。”[③]

我的观点：“人类的普世文明不能简单地全部等同于某一种文明。笔者的公式是：‘西方’发达国家文明中的精华，加上发展中国家即‘东方’文明的精华，等于人类的共同文明。”[④]

---

① 常修泽：《包容性改革论——中国新阶段全面改革的新思维》，经济科学出版社，2013，第306页。原文见我在《21世纪初人类文明的主流结构》的谈话要点，载香港《华夏纪实》2010年7月总第29—30期。

② 常修泽：《包容性改革论——中国新阶段全面改革的新思维》，经济科学出版社，2013，第306—307页。

③ 常修泽：《人本体制论——中国经济结构转型新思维》，中国经济出版社，2008，第28—29页。法律依据是《中华人民共和国宪法》和国家签署并经全国人大批准施行成为国内有效法律的联合国《经济、社会及文化权利国际公约》第八条。

④ 常修泽：《包容性改革论——中国新阶段全面改革的新思维》，经济科学出版社，2013，第306—307页。

在此，曾读过《道德经》中“挫其锐，解其纷，和其光，同其尘，是谓玄同”，给我以启示和精神力量。这16个字，引导我以包容的心态看待现实，通过“挫锐，解纷，和光，同尘”，来寻求实现走向“玄同”世界的路径。

正是在酝酿这些看法的过程中，先是2009年11月在海南国际论坛报告，后是在2010年《经济参考报》刊发的《中国正面临第三波历史大转型》提出：“我想探索的是‘文明融合论’，因为，我们国家要在这个世界上崛起，就要由隔阂走向融合。”①

在进一步的研究中，我感到，仅仅提文明融合一面不够，可能还有现实存在的不同文明博弈的一面，②尤其是人类共同文明与丛林法则的现实博弈，于是我总称“文明融博论”。③要完成“文明融博论”，需要深厚的学术积累，继而具备写作《文明融博论》所必需的学术积累。

（二）读书与“走路”：每一种文化都有自己的根

为写好《文明融博论》，我在读书、“走路”两方面展

① 常修泽：《中国正面临第三波历史大转型》，《经济参考报》2010年3月12日。

② 按照我的理解，“文明融合论”的对应面是“文明不兼容论”，或称“文明排异论”乃至“文明冲突论”。因此，我主张，欲论文明融合，必先剖析文明冲突；欲剖析文明冲突，可从文明的不兼容、排异切入。

③ 常修泽：《人本型结构论——中国经济结构转型新思维》，安徽人民出版社，2015，“前言”第1页。

开准备工作。

一是阅读人类文明著作。几年来，夏天在长白山山区，冬天在海口西海岸专家楼，我潜心阅读相关史书（如威廉·麦克尼尔的《世界史》、钱穆的《国史大纲》等）和经典著作[①]。例如，奥斯瓦尔德·斯宾格勒在《西方的没落》中对于文明讲了一段颇为深刻的话："我看到的是一群伟大文化组成的戏剧，其中每一种文化都以原始的力量从它的土生土壤中勃兴起来，都在它的整个生活期中坚实地和那土生土壤联系着；每一种文化都把自己的影像印在它的材料，即它的人类身上；每一种文化各有自己的观念，自己的情欲，自己的生活、愿望和感情，自己的死亡。这里是丰富多彩，闪耀着光辉，充盈着运动的，但理智的眼睛至今尚未发现过它们。"[②]斯宾格勒这里的三个"每一种文化"，反映了文化的多元性和平等性。读文明史和文明研究专著，为我把握丰富多彩的"文明交融"打下了一定的基础。

二是"走路"——参观各地博物馆。我已经养成习惯，每到一地，第一件事是先参观博物馆，国内31个省级博物馆已经参观过20余个，有特色的市级博物馆（如延边朝鲜族自治州博物馆、荆州博物馆、通化市博物馆等）甚至是县级博物馆（如山东莒县博物馆等）也仔细参观过。参观各地博物

① 在读书中曾发生了读书笔记跨国整理的故事。2015年夏，我在长白山二道白河小镇，用一个月细读并研究了马尔库塞《单向度的人》，写了一万多字的批注和笔记，在俄罗斯做访问学者的博士王薇了解后，要我把读过的原著寄去，由她整理成文。写有读书笔记的原著寄去又寄回，成了一段跨国佳话。

② 奥斯瓦尔德·斯宾格勒：《西方的没落》上册，商务印书馆，1995，第39页。

馆，使我对斯宾格勒说的“每一种文化”有了真切体悟，即便是同一地域，也充满了文化的多元性。“生活之树长青，而理论是灰色的。”生活的常青树给了我思想营养。

（三）“上面中国牡丹花，下面美国自由钟”的启示

百闻不如一见。在2013年《包容性改革论》出版并获学界首肯以后，我先后到欧盟总部比利时布鲁塞尔（2014年）、地跨欧亚的土耳其（2015年）、保存完好的佛国斯里兰卡（2016年）、神秘的国度——朝鲜（2016年）、信仰天主教且为教皇保罗二世出生地的斯拉夫民族国家——波兰（2018年），以及“亦东方亦西方”的新加坡（2015年）实地考察，对人类三大文明及其交融有了具体感受：

——在地跨欧亚大陆的土耳其的最大城市伊斯坦布尔，看到著名的索菲亚大教堂（后改为清真大寺）穹顶上阿拉伯文字与圣母玛利亚图像交相辉映，颇为震撼。

——在欧洲学院所在地比利时的布鲁日，听到“喝啤酒的民族与喝茶的民族完全可以包容”的演讲，颇受启发。

——在斯里兰卡首都科伦坡和古都康堤，看到古印度的佛教在斯里兰卡传承发扬，民风如此淳朴；在南部的亚拉古城（荷兰人所建），也体会到欧亚文化交融的力量。

——在朝鲜的边境城市满浦，看到集中体制造成的落后和“人造繁荣”的情况，以及亲身体验“手机缴存”和“照片被删”等状况，更引发对此种文化的思考。

——在新加坡考察期间，到土生华人博物馆（也称“娘惹博物馆”）和其他地方考察，印象更为深刻。尤其是，孙中山先生设计的革命旗帜：上面是牡丹花，象征中国的富贵价值观；下面是美国的自由钟，象征着西方的自由价值观。两者如此巧妙地融为一体，这不正是中西文明交融的缩影吗？

更新鲜的是，我在这几个国家考察感受到，世界经济全球化和新科技革命两大浪潮，正在使多样化价值理念之间发生频繁的交集、碰撞、摩擦和融合，预示了人类文明的新走向。

（四）国外归来“双聚焦”：瞄准“中西”与“当代”

通过对欧亚几国的考察，我意识到原来研究战线太长，摊子过大，遂对原来思路做出重要调整：一是空间范围聚焦，二是时间范围聚焦，简称“双聚焦”。

1. 空间范围聚焦：由面向“整个人类文明”聚焦为瞄准“中西文明”

2009年在海南国际论坛上我提出“文明融合论”时，是面向整个人类文明来说的。基于此，2010年我还在香港《华夏纪实》杂志以《21世纪初人类文明的主流结构》为题，发表了对人类文明主流结构的框架雏形认识[①]：

国外考察归来，既开阔了学术视野，也知晓了问题的复杂，按原来的“三大文明九个席位”的全方位研究是自己力所不及的，也是十年内不易完成的。于是，决定缩小包围圈，只聚焦“中西文明”（其他不列入范围）。

这样研究对象就清晰了：一头是中华文明（博大精深，其蕴含的人文精神不仅是中国人思想和精神的内核，对解决人类问题也有重要价值。只可惜对其中的精髓提炼不够），一头是西方文明（同样博大精深，其蕴含的人文精神有些是中国人思想和精神所缺少的，只可惜对其中具有人类价值的精髓包容不够），研究二者之间的“融博”。

2. 时间范围聚焦：由“历史长镜头”聚焦为瞄准“当代”研究

当初我是想做“历史长镜头”，以至把老子的《道德经》和孔子的“仁和论”作为中华文明的标本。2015年，在土耳其考察住宿于卡帕多西亚时，我还写了一个“中西文明融合”的研究大纲。[②]

在研究时间方面，重点是调整“历史长镜头”思路，不

① “我的头脑中有一个‘21世纪初世界文明联合共同体’的雏形。就我迄今所读的学说而言，该共同体以‘席位数’计，初步考虑，第一步先设9席（以学说为本体），其他文明的席位逐步增加。”这是我原本要研究的人类文明主流结构的框架雏形，在2013年出版的《包容性改革论》第八章“文化改革：寻求多元文明交融的文化体制”第一节“关于人类文明共同体的构想”中阐述了上述构想。

② 此处内容略。

研究古代，不研究近代，甚至也不研究现代的全部，重点研究“当代”，特别是进入21世纪后的现阶段。

通过上述空间与时间两个范围的聚合，使“文明转型”研究聚焦“当代中西文明”这一核心命题。

（五）2017年北京国际会议：论中西文明的最大契合点

虽然只聚焦“当代”和“中西文明”，但这仍然是个复杂的体系。经过初步研究，我梳理出了“三个范畴、两组关系”。三个范畴是当代中国文明、当代西方文明、当代共同文明，由此形成两组关系：（1）当代中国文明与当代西方文明的关系；（2）当代中国文明与当代共同文明的关系。

这是两组既有联系又有区别的关系。区别在于：前者是特性与特性之间“各美其美、美人之美”的关系；后者是特性与共性之间“美美与共、天下大同”的关系，具体表现为21世纪中国特色社会主义与人类命运共同体的关系。①

于是，我就紧紧抓住这个命题往深处探讨。这是一个“既中国又世界”的话题。

① 1982年9月1日，邓小平同志在中共十二大开幕词中首提“建设有中国特色的社会主义”，1987年10月25日中共十三大报告题目就是《沿着有中国特色的社会主义道路前进》，自此，“中国特色社会主义”作为一种文明样式自立于世界多样文明之林。进入21世纪后，中国又提出“人类命运共同体”的概念。我在2013年出版的《包容性改革论》一开始就关注“这个当代世界构建‘人类命运共同体’的现实”。常修泽：《包容性改革论——中国新阶段全面改革的新思维》，经济科学出版社，2013，第9页。

两年后，有个纵论的机会。2017年11月16日，由中共中央宣传部筹划并指导，中国社会科学院和中国国际经济交流中心主办的“中共十九大：中国发展和世界意义”国际智库研讨会在北京国际饭店举行。我应邀与会。

在发言中，我重点阐述了契合点，指出“人的全面发展既是中国特色社会主义思想的核心内容，也是西方发达国家主流学者强调的价值理念，在这里，找到了中西文明的最大契合点”。[①]

随之，我提出三条文明融合的路径：（1）以“人的全面发展”的思想开展文明交流；（2）以“人的全面发展”的思想加强文明互鉴；（3）以“人的全面发展”的思想促进文明共存，从而推动人类命运共同体建设。

发言本应进行10分钟，但会议主持人特意延长5分钟。发言后，中国国际经济交流中心副理事长、国家发改委原副主任张晓强先生评论：“讲的观点独到。”会后，2017年11月23日《经济日报》加“编者按”刊载了《“不断促进人的全面发展”蕴含人类文明价值》报告全文。《光明日报》也刊登了报告图片报道。中西文明的契合点不只“人的全面发展”，类似市场经济、广义产权（天地人产权）、国家治理现代化等，都可以找到中西文明的契合或交融之处。[②]

---

① 常修泽：《“不断促进人的全面发展”蕴含人类文明价值》，《经济日报》2017年11月23日。

② 2018年4月，在博鳌亚洲论坛开会期间我在《海南日报》记者的访谈中提出，明确建议“海南应该着重打‘文明交融’这张牌，率先成为东西方文明交融试验地”。此建议在2018年4月10日《海南日报》刊登后引起中外朋友关注。

（六）经济研究·高层论坛·2018：探讨“特共一体”的政治经济学

当代中国文明与当代西方文明的关系、当代中国文明与当代共同文明的关系是两组命题。如果说，在北京国际饭店探讨的契合点属第一命题的话，那么，探讨“特共一体”已推进到第二命题。这个问题是在“经济研究·高层论坛·2018”发言中阐述的。

2018年5月17日，由中国社会科学院经济研究所主办、《经济研究》编辑部承办的“经济研究·高层论坛·2018”在北京举行。我有幸出席论坛并发表演讲，演讲题目为《如何用战略理性思维研究中国的改革和经济学？》。我主要谈了四个问题，其中第二个问题关于“特共一体”的政治经济学，有五个要点：

（1）探索中国特色社会主义道路，构建中国特色社会主义政治经济学，这里面的关键字是个“特”字。同时，还要构建人类命运共同体，这里面的关键字是“共”字。这就带来一个“特”与“共”的关系问题。

（2）“特”和“共”的各自内涵如何把握？我认为，这两个“核桃”还没有砸开，特别是，如何找到二者的内在联系，做到“特中有共，共中有特”？现在能讲清楚的文献还很少，探索空间很大。

（3）建议：把国内中国特色社会主义研究和国际上构建人类命运共同体的研究结合在一起，把“特”和“共”整合起来探讨，将二者融合起来。

（4）既然是人类命运共同体，肯定是有人类共同的价值在里面，有共同的规律在里面。我们的解释可以和别人有所不同，但无论如何不能说没有人类共同的价值取向。近几年有人回避、否定，个别人甚至批判人类共同的价值取向，这是不对的。怎么会没有人类共同的价值取向？否则，人类命运共同体就没有根基了。

（5）这个“特”和“共”怎么融合？怎么形成一个“特共一体”的政治经济学？在我看来，名字可以变也可以不变，若不变，还可以叫“中国特色社会主义政治经济学”，但是它的内涵里面一定要包括人类命运共同体共同的规律和共同的价值理念，否则极易把议题狭隘化。为名实相符，应称“特共一体”的政治经济学。我认为，中国需要创建的不是单向度的“中国特色社会主义政治经济学”，而是多向度的“特共一体”的政治经济学。

此论在“经济研究·高层论坛·2018”提出后，在中国社会科学网公开发表，被人民论坛网、爱思想网等多家媒体转载。

文明转型是“转型论”的高级层次，基本走势应是由文明隔阂向“特共一体”的文明样式转型，包括寻求中西文明的融合点。当然，在这一转型过程中，不可避免地会产生摩擦、碰撞和博弈。所以，我在《包容性改革论》一书写下一句：“‘包容’与‘选取’，是一对始终难以割舍的命题。”[①]

2018年，中美之间发生的贸易摩擦，在我看来其中隐含着深刻的文明博弈。这给我们研究文明博弈提出了新的挑战。中国不仅需要高端的“物质芯片”，而且需要高端的“思想芯片”。

至于中西文明如何又“融”又“博”？如何跨越“修昔底德陷阱”，建立新文明学？我将在今后的岁月中，结合中国与世界新的实践予以探讨。

① 常修泽：《包容性改革论——中国新阶段全面改革的新思维》，经济科学出版社，2013，第3页。

本章思考与沟通

写完这一章，继续思考几个问题，愿与读者进行心灵沟通：

1. 关于“一根两苗”问题。从经典作家“劳动谋生手段”这条根上，本可以长出两棵苗：按劳分配和商品经济。但是，经典作家为什么只承认按劳分配而否认商品经济呢？1974年，谷书堂老师的“悄悄话”给我点到了这一问题。46年后的今天，我依然百思不得其解：经典作家为什么没有保持理论内在逻辑的一贯性，而存在某种程度的“双重标准”呢？经典作家为什么不让“媳妇”（商品经济）进“门”（社会主义）？有什么深层的考虑？在现实生活中，进“门”后的“媳妇”是“真媳妇”还是“假媳妇”？如何正确处理“婆媳”的关系？

2. 关于中国经济发展模式（或样式）问题。到底有没有一个实践形态的东西？如何区分两种不同内涵的中国经济发展模式（或样式）？特别是如何促进这一模式（或样式）的变革或提升？

3. 关于学科建设问题。在中国特色社会主义政治经济学的内涵里面，如何确立中国特色社会主义之“特”与人类命运共同体之“共”相互融合进而一体的概念？特别是，如何按照人类命运共同体的构想，阐明当代人类“共同的规律和共同的价值理念”？从2018年中美之间发生的贸易摩擦来看，如何把握中美不同文明又“融”又“博”的关系，从而建立新文明学？

伍

学术观点精要小集

一 关于人本经济学方面

1. 促进人的自由全面发展，才是社会主义经济的根本，简称“人本”。

——《建立社会主义人本经济学课题报告》（1986年）

2. “人本”高于“资本”。

——《积极推进企业制度创新——南开大学经济学教授常修泽访谈录》（1996年）

3. 集权体制的弊端，最根本的一条“是消磨人性”，是对人的自由发展的否定！

——《独立的人格力量和自主的经济力量初露端倪》（1998年）

4. 推进由“计划人”向“自主人”的转变：中国体制改革的核心。

——《中国建立社会主义市场经济体制进程的基本判断和改革新阶段的战略思考》（2002年）。

5. 建议把人的发展作为一个独立的、完整的指导性理念来提出。

——《人本体制论——中国人的发展及体制安排研究》（2008年）。

6．所谓“为了达到改革的目标，必须牺牲一代人”“就是××万老工人”，是一种缺乏人文关怀的论调。

——《所有制改革与创新——中国所有制结构改革40年》（2018年）

7．在传统的计划经济模式下，人的主体性被集权所压制；在原教旨的市场经济模式下，人的主体性被金钱所浸蚀；我现在最想探求的是在21世纪的中国，如何建立无愧于人自身解放和发展的新体制。

——《人本体制论——中国人的发展及体制安排研究》（2008年）

8．人的三层含义：横向上全体人；纵向上多代人；内核里多需人。

——《人本体制论——中国人的发展及体制安排研究》（2008年）

9．“金钱拜物教（物本位）”与“权力拜物教（官本位）”两条通往奴役之路都已“接近尽头”。

——《20世纪中国知名科学家学术成就概览（经济学卷）》第三分册（2015年）

10．社会共生：穷人不能再穷，富人不必出走，中产必须扩大。

——《包容性改革论——中国新阶段全面改革的新思维》（2013年）

二 关于广义产权论方面

11. 建议“从广义上”提“建立现代产权制度”，而不局限于“现代企业产权制度”。

——《论建立与社会主义市场经济相适应的现代产权制度》（2003年）

12. 在改革中要让人民群众拥有自己的产权。

——《转型中国——顶级学者访谈》（2004年）

13. 反思全球性金融危机和环境危机，我发现：美国人透支的是家庭资产，中国人透支的是国民资源。

——《广义产权论——中国广领域多权能产权制度研究》（2009年）

14. 广义产权论三大要义：广领域、多权能、四联动。

——《广义产权论——中国广领域多权能产权制度研究》（2009年）

15. 广到天、广到地、广到人：天上环境产权，地上地下资源产权，天地之间各种人的产权。

——《广义产权论——中国广领域多权能产权制度研究》（2009年）

16. “天地人产权论”表明，不仅人类自身是一个利益（命运）共同体，而且天地人三者之间也是一个利益（命运）共同体。

——《天地人产权论——当代人的发展多维产权探讨》（2011年）

17. 老子论道，既讲“抱阳”，又讲“负阴”；斯密论经济，既有《国富论》，又有《情操论》。中国改革，一则讲“产”，一则讲“人”。

——《产权人本共进论——常修泽谈国有制改革》（2010年）

18. 环境产权实则涉及“环境人权”问题。

——《以人的发展为核心推进经济社会发展》（2017年）

三 关于全面转型论方面

19. 任何一个有人文情怀的经济学者都不会把自己狭隘地“捆”在单纯“经济学”的研究范畴里。

——《每个人的自由全面发展都关乎社会的进步》（2007年）

20．“五环式”改革：经济转型，社会共生，政治变革，文明交融，天人合一。

——《包容性改革论——中国新阶段全面改革的新思维》（2013年）

21．21世纪的文明史将昭示一条规律：包容性体制总体优越于排斥性体制。

——《包容性改革论——中国新阶段全面改革的新思维》（2013年）

22．在社会公平和市场化“两个鸡蛋上跳舞”。

——《人本体制论——中国人的发展及体制安排研究》（2008年）

23．要经济市场化，但要防止“权贵”；要实现社会公正，但要防止“民粹”。上面越“权贵”，社会越“民粹”；社会越“民粹”，上面越“权贵”。

——《人本体制论——中国人的发展及体制安排研究》（2008年）

24．上见“天光”，下接“地气”，中立“人本”。

——《包容性改革论——中国新阶段全面改革的新思维》（2013年）

25. 事物都是“双向占有”的。你占有了它，它也占有了你。技术的进步是否使发达的工业社会加剧“对人的控制”，这是需要讨论的问题。

——《人本型结构论——中国经济结构转型新思维》（2015年）

26. 国有与民营都该看成共和国的“亲儿子”。

——《国有与民营都该看成共和国的“亲儿子”》（2013年）

27. 包容的关键在于包容“异类”。

——《包容性改革论——中国新阶段全面改革的新思维》（2013年）

28. 心灵放飞：真正的创意之源。

——《人本型结构论——中国经济结构转型新思维》（2015年）

29. 怎么会没有人类共同的价值取向？否则，人类命运共同体就没有根基了。

——《如何用“战略理性思维”来研究中国的改革和政治经济学？》（2018年）

30. 20世纪80年代提出的“商品经济中性论”成为破解社会主义与商品经济“水火不容”关系的“钥匙”……“中

性、理性、包容性”应作为经济理论研究的一种思维方式。

——《中性、理性、包容性——经济理论研究的一种思维方式探讨》（2019年）

附　录

附录一 主要学术论著名录

一、独著类著作

1．常修泽著：《人本体制论——中国人的发展及体制安排研究》，中国经济出版社2008年版。

2．常修泽著：《广义产权论——中国广领域多权能产权制度研究》，中国经济出版社2009年版。

3．常修泽著：《产权人本共进论——常修泽谈国有制改革》，中国友谊出版公司2010年版。

4．常修泽著：《包容性改革论——中国新阶段全面改革的新思维》，经济科学出版社2013年版。

5．常修泽著：《人本型结构论——中国经济结构转型新思维》，安徽人民出版社2015年版。

二、主笔（第一作者）著作

1．常修泽主编：《资产重组：中国企业兼并研究》，陕西人民出版社1992年版。

2．常修泽主笔：《现代企业创新论——中国企业制度创新研究》（国家“八五”重点科研项目成果），天津人民出版社1994年版。

3．常修泽等著：《中国：“换体”的革命》，天津人民出版社1994年版。

4．常修泽主笔：《产权交易理论与运作》，经济日报出版社

1995年第1版、1998年第2版。

5．常修泽等著：《中国企业产权界定》，南开大学出版社1998年版。

6．常修泽等著：《创新立国战略》，学习出版社、海南出版社2013年版。

7．常修泽等著：《混合所有制经济新论》，安徽人民出版社2017年版。

8．常修泽主笔：《所有制改革与创新——中国所有制结构改革40年》（《复兴之路——中国改革开放40年回顾与展望丛书》之一），广东经济出版社 2018年版。

三、参与类著作

1．谷书堂、杨玉川、常修泽著：《社会主义商品经济和价值规律》，上海人民出版社1985年版。

2．谷书堂主编，杨玉川、常修泽副主编：《中国计划体制改革探讨》，中国社会科学出版社1987年版。

3．白和金主编，王永治、常修泽、王一鸣副主编：《社会主义市场经济体制若干重要问题研究》，中国计划出版社2002年版。

四、《新华文摘》全文转载论文

1．常修泽、戈晓宇：《企业创新论》，《经济研究》1989年第2期，《新华文摘》1989年第5期。

2．谷书堂、常修泽：《社会主义与商品经济论纲》，《经济研究》1990 年第6期，《新华文摘》1990年第9期。

3. 常修泽：《二十一世纪初期中国企业创新探讨》，《经济改革与发展》1998年第9期，《新华文摘》1998年第12期。

4. 常修泽：《改革面对的三种力量和三个着力点》，《中国经济时报》2005年2月8日，《新华文摘》2005年第10期。

5. 常修泽：《中国国有企业改革的进展、方略和理论思考》，《中国经济时报》2005年5月27日，《新华文摘》2005年第15期。

6. 常修泽：《中国下一个30年改革的理论探讨——基于“人本体制论”的思考》，《上海大学学报》2009年第3期，《新华文摘》2009年第20期。收入《人的发展经济学研究（第一辑）》，广西人民出版社2013年版。

7. 常修泽：《论以人的发展为导向的经济发展方式转变》，《上海大学学报》2010年第3期，《新华文摘》2010年第15期。收入《30位著名经济学家会诊中国经济发展方式》，中国友谊出版公司2010年版。

8. 常修泽：《科学发展观：“十二五”规划的灵魂》，《人民日报》2011年4月18日理论版，《新华文摘》2011年第14期。

9. 常修泽：《天地人产权论——当代人的发展多维产权探讨》，《上海大学学报》2011年第3期，《新华文摘》2011年第17期。收入《未来10年的中国：中国如何跨越中等收入陷阱》，中国经济出版社2012年版。

10. 常修泽：《论人本型经济结构——对中国新阶段结构转型战略的新思考》，《经济社会体制比较》2015年第5期，《新华文摘》2015年第24期。

附录二　学术研究四十年大事记

1979年

3月，进入南开大学经济研究所从事经济理论研究。

6—8月，参加教育部文科教材《政治经济学（社会主义部分）》（北方本，谷书堂、宋则行主编）第1版编写组具体工作（此后20年作为修订组成员参加第2版至第7版编修，不再一一记入）。

10—12月，借调到国务院财经委员会经济结构调查组（东北结构组），赴东北调研。

1980年

5月，探讨所有制问题的《长期并存　比翼齐飞》在《人民日报》理论版发表。此为第一篇发表的论文。

9月，在南开大学经济研究所在职随读政治经济学专业研究生课程（到1982年结束，无学位）。

1981年

1月，参加谷书堂教授主持的国家“六五”重点科研项目“中国经济体制改革的理论依据研究”（1983年6月完成），负责研究商品经济理论部分。

1982年

12月底，评定为讲师。

1983年

6月，参与研究的国家课题“中国经济体制改革的理论依据研究”成果——《社会主义商品经济和价值规律》（谷书堂、杨玉川、常修泽）完成并上报。

1984年

9月3—10日，出席全国第一届中青年经济科学工作者学术讨论会（莫干山会议）。9月28日，《经济日报》在讨论会论文摘登版，刊登《从蛇口工业区的开发得到的启示》。

1985年

4月，参与发起创办的《中青年经济论坛》杂志在天津创刊，任编委。

4月，参与筹办和组织的全国第二届中青年经济科学工作者学术讨论会在天津举行。会前任论文评选组组长，会议期间主持基本理论组讨论。

9月，任南开大学经济研究所社会主义经济理论研究室副主任。

同年，被选为天津中青年经济学会会长。

1986年

11月，向国家教委高等学校青年社科基金提交“建立社会主义人本经济学”的课题申请报告。

1987年

5月，破格晋升为副教授。

11月，在“全国社会主义经济理论与实践研讨会”上，提出《建立企业产权市场和经营权市场的构想》。该文翌年公开发表。

12月，应邀出席并主持在贵阳举行的“中国东西部中青年对话会”，深入西部调研。

1988年

1月，任南开大学经济研究所副所长。

5月4日，新华社内参《国内动态清样》刊发《常修泽等建议实行“四沿——渗透型”开放战略》，报中央领导参阅。

9月，开始招收政治经济学专业硕士研究生。

12月，《企业创新论》（常修泽、戈晓宇）获中共中央宣传部、中央党校、中国社会科学院联合授予的“纪念党的十一届三中全会十周年理论讨论会”论文奖。随后该文在《经济研究》发表。

1989年

4月1—5日，出席“改革十年：中青年理论与实践研讨会”（京丰宾馆会议），任会议10位执行主席之一。

1990年

6月，《社会主义与商品经济论纲》（谷书堂、常修泽）在《经济研究》第6期发表。

12月，主持的第一个重点科研项目“资产重组：中国企业兼并研究”获评审通过。

12月底，破格晋升为教授。

1991年

1月，任南开大学经济研究所常务副所长。

11月，记述治学的《扎根本土　潜心治学——注重社会主义经济运行研究的常修泽教授》载入《中国经济学希望之光》，由经济日报出版社出版。

1992年

年初，被遴选为享受国务院特殊津贴专家。

1993年

3月，赴美出席在耶鲁大学召开的学术研讨会，并到宾夕法尼亚大学、纽约州立大学等访问。

同年，被确定为南开大学经济学学科第二梯队学术带头人。

1994年

8月，退下经济研究所领导岗位，获纪念铜镜（写有“纪念常修泽教授一九八八年一月至一九九四年八月任南开大学经济研究所副所长”）。

11月，完成的国家重点项目成果《现代企业创新论——中国企业制度创新研究》一书，由天津人民出版社出版。

1995年

6月，应邀赴日本一桥大学进行学术交流，作《中国国有企业产权制度改革》的学术报告，该报告在《经济学家》发表。

8月，国家人事部下文，调入国家计委宏观经济研究院从事宏观经济研究（9月上旬报到）。

10月，国家计委颁发文件，被任命为国家计委经济研究所副所长（副司级），主持常务。

1996年

参与主持重点课题《社会主义市场经济的基本内涵和主要特征研究》（为中共十五大报告起草工作提供的内部研究报告），该课题后获国家计委科技进步二等奖。

1997年

1月，经南开大学学位评定委员会评审，被评定为政治经济学学科博士生导师。

7月，参加在美国哈佛大学举行的中、美、日、韩四国亚太论坛第一次会议，与哈佛大学傅高义教授等学者进行交流。

1998年

1月，率团考察欧洲（法、德、荷、比等国）大型企业集团结构和发展战略。

9月，开始在南开大学招收指导政治经济学专业博士研究生。

11月，赴香港大学讲学。

同年，被聘为国家计委（后国家发改委）学术委员会委员。

1999年

参与完成《“十五”计划时期中国经济和社会发展的若干重大问题研究》（执笔人之一，该报告后获国家计委优秀科研成果一等奖）。

兼任中国经济学术基金（香港）学术委员会副秘书长。

2001年

4月，为中共十六大报告起草工作提供的专题研究报告《中国建立社会主义市场经济体制进程的基本判断和改革新阶段的战略思考》，该报告在《改革》杂志2002年第4期发表。建议“把人的发展作为一个独立的、完整的指导性理念来提出”。

2002年

共同主持完成《建立比较完善的社会主义市场经济体制若干重要问题研究》（为中共十六大报告起草工作提供的内部研究报告），该报告后获国家发改委优秀科研成果一等奖。

12月，应邀到越南介绍中国改革思路，此后六次赴越南报告交流。

2003年

5月，完成《建立与社会主义市场经济相适应的现代产权制度》（为中共十六届三中全会《中共中央关于建立社会市场经济体制若干问题的决定》起草提供的内部报告）并上报。建议中央“从广义上”把握“产权”内涵。

9月，应聘担任中改院与东北大学合办的“转轨经济理论方向”博士生导师。翌年9月，招收、指导该方向博士研究生。

2006年

1月，《力排两种干扰》一文在新华社《瞭望》周刊发表，提出“排除否定改革的‘左’倾化和败坏改革的‘伪市场化’两种干扰”。

2007年

11月，应邀出席在伦敦举行的“中国经济发展及其影响”国际学术会议，作关于“世界多样性中的中国发展”学术报告。

2008年

12月，长期研究的“人本经济学”成果专著《人本体制论——中国人的发展及体制安排研究》由中国经济出版社出版。

2009年

9月，《光明日报》发表《访“人本经济学”的探索者常修泽》，把《人本体制论——中国人的发展及体制安排研究》作为新学科成果予以介绍。

9月，专著《广义产权论——中国广领域多权能产权制度研究》由中国经济出版社出版。

10月，中华人民共和国成立60周年之际，入选《中国百名经济学家理论贡献精要》（张卓元等主编），中国时代经济出版社出版。

11月，在中改院举办的海南国际论坛上，作“中国面临‘第三波转型’”的报告。

2010年

3月，《产权人本共进论——常修泽论国有制改革》被收入《中国改革智库资政丛书》，由中国友谊出版公司出版。

同年，在香港《华夏纪实》杂志发表《21世纪初人类文明的主流结构》（第29—30期）。

2011年

1月，《人民论坛》杂志公布，经读者投票和专家遴选，“广义产权论”被列为2010年度经济类十大理论观点之一。

6月30日，国家发改委经济研究所举办学术报告会，应邀作《体制三论：人本论、产权论、转型论——前半生经济理论研究的反思》专题报告。会后宣布退休。

7月，应聘兼任清华大学中国经济研究中心研究员、清华大学台研所特聘教授。

2013年

6月初，完成并上报《给三中全会全面改革方案的四点框架性意见》。

10月，专著《包容性改革论——中国新阶段全面改革的新思维》由经济科学出版社出版。

2014年

4月，赴比利时布鲁日出席欧洲学院学术报告会，作《包容性改革论——关于中国发展混合所有制经济》的报告。

2015年

2月，入选《20世纪中国知名科学家学术成就概览（经济学卷）》（张卓元、厉以宁、吴敬琏主编），经济科学出版社出版。其中，常修泽篇由时任国家发改委经济研究所所长宋立研究员等人撰写。

8月，《人本型结构论——中国经济结构转型新思维》由安徽人民出版社出版。

9月，国家发改委经济研究所成立40周年总结报告，把《广义产权论——中国广领域多权能产权制度研究》列为研究所“40年发展史学术成就之一”。

2016年

8月，完成《关于完善产权保护制度》的内部研究报告，上报国家有关部门。

同年，应聘兼任中国东北振兴研究院专家委员会副主任。

2017年

1月，完成并上报《关于激发和保护企业家精神的七点意见》的内部研究报告。9月中央保护企业家文件下达后，《经济参考报》加“编者按”公开该报告。

9月，被推选为莫干山研究院院长。

2018年

3月，莫干山研究院开始正常运转，辞去院长职务，被聘为院学术委员会联席主任。

4月，主笔完成的《所有制改革与创新——中国所有制结构改革40年》（《复兴之路——中国改革开放40年回顾与展望丛书》之一）由广东经济出版社出版。

6月，《新阶段，如何完善产权制度》在央视《中国经济大讲堂》播出。

8月31日，《改革开放进程中的经济学家学术自传》丛书之一《常修泽学术自传》书稿完成，交广东经济出版社。

参考文献

［1］经济日报．中国当代经济学家传略：第1册［M］．沈阳：辽宁人民出版社，1986.

［2］李连第，刘英伟．扎根本土　潜心治学：注重社会主义经济运行研究的常修泽教授［C］// 中国经济学希望之光．北京：经济日报出版社，1991.

［3］卢栎仁．创立“广义产权论”的常修泽教授［J］．产权导刊，2010（10）．

［4］张卓元，周叔莲，吕政，等．中国百名经济学家理论贡献精要：第2卷［M］．北京：中国时代经济出版社，2010.

［5］王仁贵．常修泽：“人本”发展理论的求索者［J］．瞭望，2011（19）．

［6］陈光远．修炼大“道” 泽惠后人：记著名学者、国家宏观经济资深专家常修泽教授［C］//飞花香远：当代惠民乡贤录．济南：黄河出版社，2013.

［7］张卓元，厉以宁，吴敬琏．20世纪中国知名科学家学术成就概览：经济学卷　第3册［M］．北京：科学出版社，2015.

后　记

从冬到春，从春到夏，现在到了秋天收获的季节。经过“十月怀胎”，如今“宝宝”即将出世。

我是2017年11月10日接到《改革开放进程中的经济学家学术自传》丛书编委会约稿通知的。从酝酿提纲到完成“齐、清、定”稿，历时300多天，分五个阶段：

第一阶段，海南酝酿提纲。

丛书编委会约稿通知下达之时，我正在海南撰写《所有制改革与创新——中国所有制结构改革40年》一书（《复兴之路——中国改革开放40年回顾与展望丛书》之一），因该书出版时间框定，只好边写书，边构思酝酿自传提纲。此时，恰好与中国社会科学院学部委员张卓元先生同在海口西海岸专家公寓居住，朝夕相处间有机会向张卓元先生请教自传事宜。2018年1月下旬，《所有制改革与创新——中国所有制结构改革40年》一书完稿。同时，广东经济出版社也寄来学术自传出版合同，遂开始制订自传提纲，并征求朋友意见。到2月10日，本书写作提纲完成。

第二阶段，天津启动开局。

2018年2月11—21日，借在天津南开大学北村与母亲共度春节的机会，进一步向母亲了解自传中有关1960年“大饥荒”细节，并利用春节与朋友聚会时机，向我在天津求学、工作各阶段的老师（包括张燕老师、李凯源老师、夏康达老师，以及谷书堂先生遗孀伏义琴老师等）、同学和同事核实情况。在此基础上，起草了本书第一章第一节，开局良好，很开心。

第三阶段：北京系统写作。

春节过后回到北京，进入系统写作阶段。从2018年3月初到6月26日，完成了本书第一章、第二章、第三章，除中间出访欧洲和参加国内调研活动外，大体是每月写作一章，写得比较从容、细腻。前三章书稿完成后，曾传给林兆木先生、夏康达老师、奚广庆教授等，征求他们的意见。

第四阶段：长白山续写及交稿9万字。

2018年6月27日，离开炎热的北京，隐居于吉林长白山二道白河小镇，开始续写后面两章。其间，曾在小镇与高尚全先生交流写作体会，并请高尚全先生审读部分初稿。在清静的环境中，写作顺畅。

到7月15日，第四章前三节完成。按丛书编委会的要求，于当日将前三章和第四章前三节书稿（总计近9万字），发给《经济研究》编辑部和广东经济出版社，以供出版社申报国家出版基金之用。

第五阶段，长白山扫尾和修改定稿。

从2018年7月16日开始，集中精力撰写第四章第四节，也是最难的一节，并完成第五章。至7月底，正文初稿全部完成。

从8月1日起，开始撰写导言、后记、附录，并开始逐章修订。

8月11日下午，接到在天津弟弟秀东关于母亲突发脑溢血的消息，当晚便乘夜航航班由长白山飞往天津。见到病危中的母亲，我痛苦万分。经医院主任医师与自家在协和医院担任心内科医生的侄儿常龙等多方努力抢救，终无效。8月14日上午，92岁的老母亲，在她走过了艰苦辛劳的前大半生和在南开大学北村度过了20多年幸福快乐的晚年生活之后，安详地与世长辞。“世上最数妈妈好。”这是我一生中最痛苦的时刻。

8月17日，在办完母亲后事并对各方致谢后，当晚返回长白山二道白河小镇。

从8月18日起，忍受着失去母亲的巨大悲痛，继续本书最后的修订，并把本书当作献给母亲的礼物。抱着对母亲、对社会、对读者负责的精神，对所写全部初稿的观点、资料、逻辑、文字进行推敲，字斟句酌，精益求精。

至8月31日，“齐、清、定”稿在二道白河小镇完成，当日按合同约定时间，发给《经济研究》编辑部和广东经济出版社。

在本书提纲酝酿和写作过程中，得到诸多老师、领导、同事、朋友的帮助，主要有著名经济学家、中国社会科学院学部委员张卓元先生，中国体改研究会名誉会长高尚全先生，教育部社会科学司原司长、中国人民大学博导奚广庆教授，中国宏观经济研究院原常务副院长林兆木先生，中国（海南）改革发展研究院院长迟福林教授，《天津师范大学学报》原主编、中国小说学会名誉副会长夏康达教授，天津商业大学教授、中国经济写作研究会会长李凯源先生，南开大学经济研究所原副所长谢思全教授，莫干山研究院学术委员会联席主任朱嘉明教授，等等。

写作期间，吉林市卫生健康委员会王宏伟（1990年代硕士），进修生、天津华旗集团创始人霍洪敏总经理，以及博士研究生孙德兰、杨国明等给予了帮助。

还有，我的前后两个单位，南开大学经济研究所和中国宏观经济研究院有关同事给予了大力支持。《经济研究》编辑部刘霞辉、张永山、王利娜、王红梅，英文目录翻译者东北大学区域经济学博士生李慧为本书的出版均付出了许多辛劳，在此一并谢忱。

写书期间，弟弟、弟媳及三个妹妹精心照料母亲起居，让我安心写书，殷殷手足情令我感动。

如同 “电影是遗憾的艺术”一样，这本自传也是“遗憾的传记”。尽管精心写作，精心修改，但由于水平所限，书中难免有不当之处，敬请读者批评指正。

本书从“1960年‘闹饥荒’：尽快找所‘管饭’的学校”开始，其中写到母亲含辛茹苦的岁月，那节初稿曾让妹妹念给老人家听。母亲感动落泪，期盼全书。遗憾的是，未能等到本书正式出版，老母亲就撒手人寰，令我心痛。“谁言寸草心，报得三春晖。”谨以此书献给过世不久的慈母杨淑芳女士和先父常平祥先生。

常修泽

2018年8月31日

本书稿自2018年8月31日交出后，经《经济研究》编辑部、出版社及有关方面审读和编辑，于2019年7月3日将书稿寄到山区小镇写作处，我又对书稿进行了通读和文字修饰，按时寄回出版社。

常修泽

2019年7月22日

本书稿校样在疫情期间，于2020年4月30日传至北京家中。“五一”前后十天，我与出版社编辑线上反复沟通，精心订正，于2020年5月10日将校样发回出版社。本书编校整个过程，出版社编辑周晶、冯颖、易意女士付出诸多心血，深表感谢。

常修泽

2020年5月10日